AF296224

# LA
# CATASTROPHE
## DE LA FRANCE

## L'ANARCHIE DÉMAGOGIQUE

Bruxelles. — Imprimerie de *l'Office de Publicité*, 46, rue de la Madeleine.

# LA
# CATASTROPHE

## DE LA FRANCE

### L'ANARCHIE DÉMAGOGIQUE

PAR LE 

### COMTE ALFRED DE LA GUÉRONNIÈRE

> « Toute la terre sera couverte de ténèbres
> par la colère du dieu des armées; le peuple
> deviendra comme la pâture du feu ; le frère
> n'épargnera point son frère. »
>
> (Ch. x, v. 19, *Isaïe.*)

**PRIX : FR. 1-50.**

## BRUXELLES

### OFFICE DE PUBLICITÉ

IMPRIMERIE DE A.-N. LEBÈGUE ET COMPAGNIE

RUE DE LA MADELEINE, 46

# PRÉFACE.



Le règne, même éphémère, de la démagogie à Paris ouvre au prolétariat une ère nouvelle.

Préliminaire d'immenses troubles et catastrophes, éclair sur l'abîme, cet événement inouï par les incidents qu'il caractérise, les conséquences qu'il découvre, est aussi une grande leçon de morale.

Une assemblée avait surgi précipitamment, pleine d'hommes bien intentionnés, réunissant les antipodes dans la même enceinte.

Le salut était dans la formation immédiate d'un

parti compacte de modération conciliatrice, qui eût tenté de calmer en désarmant les hostilités par la justice.

Là se rencontraient les grandes questions économiques et sociales dont la majorité rurale n'appréciait pas suffisamment l'urgence.

C'est ainsi seulement qu'on peut apaiser et isoler les turbulences. Du despotisme de l'empire, cette serre-chaude où fermentaient tous les instincts coupables, les matérialismes d'une cupidité sans frein, il serait affreux de voir la France tomber dans le gouffre béant de la démagogie.

La corruption et la honte de dix-huit années de césarisme auraient pour complément la terreur des massacres de la rue et des assassinats juridiques révolutionnaires.

Des changements aussi subits ne s'expliquent que par l'inconsistance des opinions, faute d'un principe commun qui les rallie.

L'instabilité gouvernementale engendre le scepticisme des hommes.

La capitulation de Sedan et la prise de posses

sion de Paris par l'anarchie, dans leurs contrastes apparents, sont les effets d'une même cause.

Le 2 décembre créé par Napoléon, le 18 mars, qui a fait souverain le comité anarchique de Montmartre, sont deux crimes. Le premier appelait le second ; c'est l'abus de la force qui abolit le droit.

Que dans l'œuvre réparatrice à laquelle elle aspire, la bourgeoisie y prenne garde. Son long assoupissement, en face de l'arbitraire napoléonien, sa connivence par l'exercice des fonctions publiques, la participation d'un grand nombre de ses membres l'ont rendue suspecte au peuple ; il faut abandonner ces vieux errements, dépouiller le vieil homme pour revêtir le nouveau.

A son esprit éminemment pratique, la bourgeoisie, si elle veut reconquérir la confiance du peuple, doit joindre le désintéressement qui fut l'honneur de la Restauration.

Les Richelieu, les Lainé, les de Neuville, La Ferronnays, Martignac, Royer-Collard, et, les dominant tous, Châteaubriand n'étaient pas seulement de grands esprits, mais de grands cœurs.

L'Eglise, qui venait à leur suite, s'inspirait de leur patriotisme dans le dédain du lucre : c'est le meilleur moyen de justifier, non la prétention du tiers-état, d'être tout, suivant la déclaration de Sieyès, mais la légitime ambition du rôle de guide modérateur, au milieu du mouvement qui emporte la société à des destinées nouvelles.

Ce n'est pas au bord d'un abîme béant que doit se produire le tohu-bohu des exclusions de parti, des ambitions et des cupidités, ils deviendraient promptement une déroute sans ralliement, où le Sedan de la politique se retrouverait, complétant la disgrâce de celui des armes.

La question renferme le sort de la société : serait bien aveugle et frappé de démence, comme Louis-Napoléon, celui qui crierait : haro sur l'avertisseur.

Les grands troubles, l'anarchie maîtresse de Paris ont mis l'écueil à nu ; c'est à l'Assemblée nationale, c'est au pays à élever leur cœur et leur esprit pour entourer de leur sympathie, de leur concours le plus sincère, le grand pilote dont le génie et l'expérience sont la meilleure boussole.

Le chef du gouvernement exécutif, faisant de la modération la légitimation .de la force, s'il faut y recourir, a vainement adressé un appel suprême aux hommes d'ordre, avant que l'émeute n'eût conquis Paris. — Quant à ceux qui, croyaient pouvoir opposer des fins de non recevoir à d'urgentes requêtes, ils peuvent mesurer aujourd'hui l'étendue de leur erreur. Le temps passe, les mêmes fautes se retrouvent. Il ne suffit pas de concevoir, de décréter le droit, il faut lui donner les moyens matériels d'aboutir. A la lueur sinistre que projettent les événements, chacun peut voir aujourd'hui combien, pour l'opinion de l'Europe, la responsabilité devant l'histoire, il importe de ne pas se présenter avec le tort de l'agression intempestive.

Au moment où l'aiguillon de l'impatience de la majorité éperonnait M. Thiers, non-seulement le pays était sans armée, mais il y avait pis encore, c'était l'indiscipline qui, au premier contact, devait embrasser la révolution.

Aussi le socialisme, entré dans l'armée par la porte qu'avait ouverte l'empire plébiscitaire, après les défaillances devant l'ennemi, réservait la trahison propice à l'émeute.

Quel péril !

Quelle tâche gigantesque incombe aux sauveurs ! car, comme l'a dit le prophète, cette ville, autrefois si pleine de peuple, est maintenant désolée? Celle qui était si grande entre les nations est devenue comme veuve.

# I

## LES CAUSES LATENTES DU SOCIALISME.

LE CAINISME. — LA RÉVOLUTION. — L'ÉMEUTE.



Alors que, comme terme d'un pèlerinage, nous
écrivions l'histoire de la guerre, voici un drame
plus lugubre encore qui dresse son épouvante. Il
n'y a plus qu'à voiler la statue de la liberté dans
le gémissement national; on dirait le tocsin de la
civilisation frappée de stupeur. Ah! lorsque nous
burinions la figure livide de l'homme de Sedan,
nous avions entrevu bien des désastres; l'aigle
de l'aventurier devait infuser dans les veines de la
France le poison subtil dont l'effet corrosif alté-
rait l'esprit de l'armée.

Les uniformes chamarrés d'or et de croix dissimulaient l'incapacité du commandement, en même temps que les prébiscites substituaient l'esprit de mutinerie à la discipline et à la foi. Tel est le talisman par lequel les Allemands ont pu annihiler les troupes qu'on leur opposait. Pendant que le système affaiblissait le bras, le mensonge envahissait journaux, discours, rapports officiels ; tous travestissaient la vérité.

C'est ainsi que le despotisme en tuant l'âme faisait la dissolution et amenait la conquête.

Mais voici le comble de la disgrâce et le sceau d'un malheur irréparable, il faut le dire, c'est celui de la fatalité qui semble suivre l'ex-empereur et qu'il répand autour de lui :

S'il est permis d'emprunter à la mythologie l'image d'une vérité, le libéré de Wilhelmshœhe tel que les harpies souille tout ce qu'il touche.

Ce n'est pas une licence poétique, les faits sont là ; ils montrent Napoléon comme le jettatore, il porte inhérent à sa personne la mort pour la nation qu'il a gouvernée.

C'est au moment où la paix, renouant sa chaîne d'or, le ramenait libre à la frontière française, traversée par lui naguère en prisonnier, que la tragédie trouble le monde de la plus affreuse surprise.

Par une affinité mystérieuse du *fatum* (destin) alors que le prisonnier de Wilhelmshœhe va jouir de ses millions (1), prélevés sur les péculats de son abominable règne, la reine de la civilisation tombe ce jour-là même sous le drapeau rouge.

La folie accouplée au crime creuse par la main d'une tourbe insensée un nouvel abîme à la France. Si elle ne périt pas sous le coup, cette nationalité, que, suivant l'expression de Châteaubriand, Rome expirante enfanta au milieu de ses ruines, comme un dernier dessein de sa grandeur, tout au moins elle reçoit un nouveau et terrible coup. Comment retenir la malédiction que provoquent les misérables auteurs de cet immense désastre ?

(1) On a parlé de la fortune de l'ex-empereur ; nous tenons d'un financier éminent les faits et les calculs suivants :

L'ex empereur possède plus de cent millions de propriétés en Italie seulement; l'impératrice est propriétaire en Espagne de cantons entiers ; les fonds sont placés dans tous les pays, en Amérique, en Angleterre, en Russie même. La fortune totale de l'ex-empereur est évaluée à 800 millions.

On calcule qu'en mettant 20 millions de côté par an, il a été facile d'atteindre ce chiffre en vingt ans ; or, on sait qu'outre sa liste civile, Napoléon III percevait 15 millions par an sur le budget de la guerre

Si l'on ajoute à ce chiffre les fortunes du prince Napoléon, de la princesse Mathilde, de M de Morny et quelques autres parents, on arrive à près de 1,200 millions perdus pour la France.　　　*(Bien public.)*

En outre, la corruption, cette plaie vivace et inhérente à l'empire français, avait produit des résultats désastreux. Les effectifs, complets sur le papier, n'existaient pas et des 546 millions qu'absorbait le budget de la guerre, la moitié au moins s'égarait en route et était dépensée pour tout autre chose que ne le croyaient les contribuables.

Grands théoriciens de la terreur, humanitaires de la mort, apôtres du socialisme qui n'est autre que le pillage et l'assassinat, bêtes féroces sous la fraternité du caïnisme, insurgés contre les lois de votre pays, insulteurs des rois, conducteurs des pompes funèbres de toutes les libertés, ensevelisseurs attitrés des monarchies, des républiques, des plus libérales et démocratiques constitutions, ennemis de l'ordre, de la civilisation, arborez le drapeau rouge, c'est votre digne emblème, on ne vous le disputera pas !

On a vu des révolutions politiques, les unes préparées par la corruption, les autres accomplies par des théories erronées ou par l'ambition du pouvoir; mais une révolution où l'horrible se mêle à l'absurde, où l'ignorance vient se pavaner sous le meurtre, où ceux qui hier versaient leur sang sont saisis, injuriés, suppliciés, non-seulement dans l'exercice de leur devoir, mais dans l'innocuité du spectateur, où les plus vaillants, pris comme un bétail, sont traînés au supplice par ces forcenés. Qu'y a-t-il de plus horrible?

# II


EXÉCUTION DES GÉNÉRAUX LECOMTE ET C. THOMAS.
-- LES DÉMAGOGUES DE BELLEVILLE ET DE MONT-
MARTRE.

Hier nous déplorions les violences et les abus de
l'occupation des Allemands, c'étaient des étrangers à notre race. Ils faisaient sentir la rude main
du vainqueur, mais dans les annales de cette horrible guerre que nous retracions, après avoir essayé
vainement de la prévenir, dans cette supériorité
dont l'horrible lui reste, la horde de Paris qui a
braqué ses canons sur l'œuvre réparatrice, au nom
du terrorisme, le faux patriotisme qui désertait

le champ de bataille, montre bien qu'il est insensible à tout sentiment de gratitude et d'intérêt national. L'Europe s'écrie : Voilà les trophées des communistes, nous dirons, nous, des cannibales plus féroces au sein de la civilisation que ceux que la nature a jetés dans les solitudes du nouveau monde.

Oh! la noble France tombant à la suite de Paris en de pareilles mains! Que deviendraient les lumières, la liberté, l'industrie et le travail! Où s'arrêteraient les désolations et les ruines ? La cabane aurait le même sort que le château ; on a aboli avec raison le servage féodal, il en est un plus dur et plus horrible, c'est celui qu'impose l'ignorance.

Voit-on un terme aux maux que sèmeraient derrière eux ces législateurs de la guenille, ces disciples de Marat, ces tigres qui semblent trouver leurs délices au spectacle de l'agonie de leurs victimes, témoin l'exécution du général Lecomte, ce brave soldat, de Clément Thomas, ce républicain dont la doctrine fut inaltérable.

Des sentines de Belleville, des extravagances de tous ces enfants perdus d'une démagogie qui a une incontestable puissance, celle de la désorganisation, surgissent des inconnus, phaéton de la sottise, non pour conduire, mais pour briser le char de l'Etat.

D'abord propagateurs souterrains des folies socialistes, ils deviennent plus tard les déclamateurs des clubs, offrant de grossières amorces à l'ignorance.

Comme dans la première révolution, se retrouvent les lueurs vacillantes et trompeuses d'une raison incertaine qui rompt en visière avec la tradition vraie et l'expérience. — Ces nouveaux législateurs entrent en scène précédés par le meurtre, telle est leur prise de possession de la plus belle ville de l'univers.

Suivant une grande parole, errants dans leur propre folie, ayant perdu toute notion du juste et de l'injuste, du bien et du mal, où mènent-ils leur dupe, où veulent-ils engager la France ?

# III


## ASSASSINAT JURIDIQUE. -- ASSY.


Le premier acte commence : On accuse Assy, ce Masaniello du Creuzot, aujourd'hui le tribun qui magnétise Belleville, d'avoir rempli dans le conseil de guerre de l'assassinat le rôle de Hulin dans le jugement dérisoire du duc d'Enghien, ce dernier rejeton de l'héroïque sang des Condé. (1)

Le despotisme et l'anarchie ont les mêmes procédés sommaires, il n'y a pas de circonstances atténuantes, il n'y a que l'impitoyable cri : — Qu'ils meurent !

Dans le conseil de Vincennes où en 1804, par

1. Les journaux l'en ont accusé.

l'ordre d'un Bonaparte, les juges, qui ne manquent jamais à la tyrannie comme à l'anarchie, furent unanimes à envoyer au supplice l'illustre, le brave fils de France, comme les forcenés qui usurpèrent à Montmartre le pouvoir et outragent l'humanité, en profanant l'honneur militaire.

C'est toujours le même motif qui pousse le tyran et le révolutionnaire, l'arbitraire qui viole les lois, étouffe la miséricorde, une haine contre les supériorités sociales est leur commun mobile.

Pour se défendre de la jalousie, il faut non-seulement avoir un grand esprit, mais encore un grand cœur.

Ces abrutis du socialisme, ces orgueilleux du haillon, ces envieux du riche, sous le masque du progrès, s'attaquent à toute liberté, criant mort au droit; ils ont pour vertu leur insolence, pour moyen de gouvernement la terreur.

Nouveaux Titans, ils arrachent du ciel les étoiles sans lesquelles, le peuple, égaré dans les ténèbres, va à l'abîme. Celui-ci, trop enclin à croire les serpents qui lui crient : Prenez nos doctrines, mangez-les, vous allez remplacer les dieux, tous les biens de la terre sont à vous, il vous suffit d'étendre votre bras pour frapper et prendre au gré de votre cupidité.

Tel est le prologue. — L'action s'y conforme; affolés, ces hydres ravageurs inondent les rues, font retentir les airs de leurs vociférations, et à peine ont-ils sacré leur souveraineté brutale, qu'elle devient un embarras pour eux-mêmes.

Tout devient obstacle : le crédit s'arrête, le travail fait un universel chômage, la sûreté publique n'est plus, le soupçon remplace la confiance, l'étranger est un espion, le concitoyen un ennemi.

Jouet du charlatanisme éhonté des apôtres de la mort, le pauvre peuple en est la victime.

# IV

## ARISTOCRATIE, BOURGEOISIE, DÉMOCRATIE.

### L'HOMME D'ÉTAT RARA AVIS.

Que verra-t-on encore?

Un Comité de terreur et de vengeance, où les passions, les plus folles visées, tiendront lieu des études si ardues de l'homme d'État.

On parle de l'aristocratie et de la bourgeoisie, nous n'avons jamais flatté la première. Lorsqu'en 1869, en plein Poitou, cette terre des fils des croisés, notre voix ne trouvait pas l'écho que méritaient la gloire et la supériorité de M. Thiers, nous dîmes à celle-ci : que la capitulation, avec ses souvenirs, lui faisait un bourbier dans le choix de

M. Bourbeau. Quatorze mois après, c'en était fait, et ceux auxquels nous avions prédit leur sort, dans *la Voix de la France*, n'avaient qu'à se frapper la poitrine en brûlant ce qu'ils avaient acclamé.

Tel fut notre rôle à l'égard de nos meilleurs amis; où il y a une ardente conviction, on s'inquiète peu de la faveur ou de l'inimitié.

Quant à la bourgeoisie, naguère encore, comme toujours, nous lui avons fait entendre des vérités qui jusqu'à présent, malgré des gages donnés au jour critique, ne nous ont pas conquis ses sympathies : d'ailleurs nous ne les voudrons jamais aux dépens de notre conscience ; ils peuvent pratiquer l'ostracisme ; qu'ils prennent les places, et nous restons fidèle à notre mission d'écrivain.

Ce bric-à-brac d'ambitions cupides, acharnées à la poursuite des fonctions publiques et des monopoles, ces médiocrités se glissant par l'intrigue et l'apostasie aux représentations nationales, n'ont pas été pour peu dans les malheurs survenus.

La défaillance du caractère, l'incapacité de ceux qui ont usurpé des positions et des mandats au-dessus de leurs forces; s'il y avait une justice distributive en ce monde, exigeraient qu'ils fissent amende honorable à la société pour l'avoir si mal défendue et trop souvent compromise.

Néanmoins, il y avait quelques lueurs, quelques sentiments désintéressés qui, groupés sous la direction d'un digne *leader*, pouvaient être une lumière et créer une force redoutable. C'est ce qui fût arrivé à l'assemblée hétérogène improvisée qui, de Bordeaux, s'est transportée à Versailles avec M. Thiers pour pilote.

S'il eût pu lui faire suivre sans déviation la voie connue à son expérience, il aurait sûrement préservé des orages et des écueils présents la barque où se trouvent réunies les épaves de la fortune de la France.

Le vaisseau qui entreprend une navigation périlleuse doit avoir son équipage, ses machines, ses cartes, ses instruments d'orientation, choisir le meilleur vent et un temps propice. Aussi fallait-il laisser à l'assemblée, aux portes de Paris, le temps de s'éclairer et de commencer sa laborieuse tâche.

M. Thiers y apportait, ainsi qu'au pays, son expérience incomparable et l'ardeur active qui a survécu aux années.

Déjà le crédit se rouvrait, M. le baron de Rothschild, et, à sa suite, les principaux banquiers de l'Europe, offraient leur concours pour acquitter l'horrible rançon imposée par l'empire et les regrettables erreurs de M. Gambetta.

Les gouvernements avaient reconnu la république, il fallait la laisser s'organiser, il fallait panser les blessures nombreuses et vives que venait de faire l'épée de Guillaume. Des hommes tels que Thiers, Dufaure, Larcy, des républicains comme Grévy, Jules Favre, Picard, Simon ayant fait leurs preuves, ayant donné tant de gages aux intérêts populaires, tous groupés autour du plus grand homme d'État de la France, avaient droit à la confiance ; on devait leur laisser le temps de réparer, d'organiser, de remettre aux mains de la nation une *machine républicaine* en état de fonctionner.

Le gouvernement, le commerce, l'industrie et l'agriculture eussent dû se grouper unanimes sur le terrain de la conciliation ; c'était un devoir d'oublier ses préventions dans l'émulation du bien public.

Tout était à refaire, c'est dans ce moment solennel que l'anarchie se présente comme ayant seule le pouvoir et le secret de sauver la France.

Nous allons en retracer les scènes, qui effacent peut-être tout ce que l'histoire offre de soudaineté et de conséquences funestes, dans une folie qui a fait d'une grande ville la proie d'une horde de sauvages.

Jamais pareille humiliation n'a été infligée à un peuple accablé de désastres. — Elle dépasse celle subie en 1814, renouvelée au 2 mars 1871. L'Europe y voit un présage funèbre et sent chanceler la confiance que lui inspirait le gouvernement dirigé par M. Thiers.

Pour le comprendre, il suffit de tenir compte de la situation qu'a trouvée l'éminent homme d'Etat en prenant le pouvoir.

# V

## LE ROLE DE M. THIERS.

Des défaites, des captivités, des capitulations sans pareilles avaient brisé les forces militaires de l'Empire.

Non-seulement l'armée n'existait plus dans le sens que l'on attache à ce titre collectif, mais notre immense matériel de guerre, nos fusils, nos canons, nos mitrailleuses, nos munitions capturés ou livrés mettaient le gouvernement désarmé en face de ce que M. de Bismark appelait *les gentilshommes du pavé*.

La capitale, les intérêts sociaux, étaient à la

merci des hommes sinistres pour lesquels les malheurs publics ne comptent pas.

Pour eux les doctrines politiques ne sont qu'une feinte servant à déguiser leur fureur et leur cupidité.

Nul n'était mieux à même que M. Thiers d'apprécier les difficultés de ce périlleux état de choses et d'en conjurer les dangers.

Qui a plus que lui de mesure dans le caractère et les actes?

L'Europe n'a eu qu'une voix pour reconnaître, dans son admirable discours, la justice de ses appréciations sur la situation politique actuelle.

Là encore apparaît l'emportement des politiques inexpérimentés dont l'horizon se limite *au point de vue* de clocher; ce qu'il eût fallu en ce moment si critique, c'était de ne pas emboîter le pas sur le chef du gouvernement. Malheureusement, il faut le dire, des représentants transportés tout à coup sans initiation sur le terrain politique, sont peu capables d'embrasser l'ensemble synthétique qui forme la lumière et la raison d'être de l'homme d'Etat.

Nous avons connu bien peu de personnes douées de cet esprit des choses : M. Thiers est une exception, comme M. de Talleyrand dans les affaires politiques.

En 1848, Lamartine perdit la confiance, pour n'avoir pas voulu, au mois de mars, engager avec une armée insuffisante la bataille contre le drapeau rouge ; il n'y opposa que sa noble poitrine et sa mâle éloquence. On lui reprocha d'avoir gardé M. Ledru-Rollin, les concessions faites à la force motrice de 1848. De même aujourd'hui l'esprit réactionnaire, non moins entêté, mais moins redoutable que celui des révolutionnaires de Belleville, murmure tout bas, sans oser le produire au grand jour, le reproche à M. Thiers de n'avoir pas secondé la fougue. Une fois de plus, on ne saurait trop le dire, ne fût-ce que comme préservatif pour le futur; elle se trompait en précipitant des résolutions qu'il n'est permis d'aborder qu'avec une force organisée. Il semblait qu'on eût oublié ce qu'il a fallu en 1848 d'efforts, de généreux concours de la province, de chefs militaires unis, pour attaquer et vaincre la rébellion aux lois.

Au moment où la disgrâce s'attachait à M. de Lamartine, taxé de pusillanimité, il était cependant le paratonnerre et la sauvegarde de l'ordre. De même aujourd'hui, dans le dénûment complet de forces matérielles, les circonstances voulaient qu'on parlementât et non qu'on combattît.

Nous voyons ici les ardeurs placer la faiblesse où se trouvait la prévoyance.

Un mot suffira pour réduire à néant ce chauvinisme de la répression intempestive.

La politique ne consiste pas dans les figures et les tropes animés de frénésies dignes de la halle; loin de là, c'est en mettant les moyens en rapport avec le but qu'on sauve les peuples et gagne les victoires.

Qu'on ne l'oublie pas, autrement on verra ces fracassants finir comme en 1848 et 1870. Hélas! quelques-uns des plus violents la veille prenaient en 1848 notre main adolescente; comme ils saisissaient en 1870 cette même main, vieillie, mais fidèle, pour échapper aux surprises terrifiantes de l'heure.

On le voit, en face des énergumènes de Belleville, qui, par le fait même des malheurs de la patrie, se trouvaient possesseurs des engins de la mort, un squelette d'armée surgissant de tant de désastres ne pouvait former qu'une haie de protection insuffisante. Des soldats mutinés contre leurs officiers étaient des licteurs suspects, derrière lesquels devaient trembler gouvernement

et assemblée ; c'est en vain qu'on invoque la ma-
jesté de la loi, l'autorité du pouvoir légal, les
droits de la majorité ; qu'est-ce que tout cela pour
la populace aux mains des Catilina de tous les
temps ?

Les Marat, les Henriot, les Jourdan-coupe-tête,
ces fiers-à bras de la première révolution, les Assy,
les Duval et autres noms surgissant de la tempête,
comme l'écume au-dessus de la vague populaire,
font du crime la loi suprême.

Les naïfs qui viennent de leurs champs avec
les creuses maximes qui sont des entorses à l'expérience, dans une étroitesse de vue qui leur
dérobe l'horizon où les événements viennent les
surprendre, devraient se rappeler cette grande
vérité de Montesquieu : " La passion a toujours
tort contre la raison. "

Rien n'étant rigoureux comme un fait, celui
dont nous sommes témoins est assez expressif. Le
discours de M. Thiers à Bordeaux était l'éclair
qui planait sur l'abîme.

La majorité a murmuré ; le grand tacticien
parlementaire a contourné l'écueil, non sans être
forcé d'y laisser quelque chose de sa pensée première.

La reprise des canons impliquait une double

condition, le concours du soldat et de cette bourgeoisie (garde nationale), qui deux fois déjà, dans des circonstances plus difficiles, avait sauvegardé l'ordre légal et avait combattu les perturbateurs du 31 octobre et du 22 janvier.

Or, une partie de la troupe a passé à l'ennemi et la garde nationale est restée impassible devant les progrès de l'émeute.

Malheureusement, cette défaillance n'est pas nouvelle. M. Thiers comme M. de Lamartine ont flétri, de leur burin immortel, les fautes analogues qui, dans la première révolution, ont eu des conséquences si fatales.

# VI

## LE POUVOIR DIRECT DU PEUPLE

### EST SON PROPRE ABIME.

Dans la dernière conférence (1) qui a clos nos causeries politiques, à l'appui d'une thèse qui est un axiome, nous faisions la revue des grands crimes, des malheurs qu'avait créés, pour lui-même, le peuple.

Ceux qui le flattent pour l'asservir, le persuadent que c'est à lui, étranger à l'A B C D de la politique, à faire des lois, à imposer sa volonté factieuse aux Parlements, qu'elle intimide et entraîne.

Cette immixtion des clubs, ces volcans de la

(1) Elles ont eu lieu à Bruxelles.

folie, de la haine, ont jeté la Convention hors de ses propres inclinations : en gémissant, en protestant dans le fort de l'âme, elle prodiguait des victimes aux sommations de la plèbe.

Louis XVI, Marie-Antoinette, la sainte madame Elisabeth, nobles, bourgeois, peuple, montaient tour à tour sur la charrette qui les transportait au Capitole de la mort, élevé sur la place de la Révolution.

C'est ainsi que *le vertueux* Robespierre et son parti comprenaient l'humanité.

Tant d'hécatombes devaient appeler la colère du monde sur ces politiques qui dressaient tout un peuple à l'école du carnage.

Le champ est infini ; nous empruntons à l'histoire de ces lugubres souvenirs ce qui est utile pour éclairer les abîmes du présent.

Burke, un des esprits les plus nobles et les plus libéraux de l'Angleterre, dénonçant à l'Europe, à la postérité, le cannibalisme des doctrines et des actes de ce temps, s'écriait :

« Il faut que la civilisation écrase cette horde de brigands, autrement l'Angleterre et l'Europe sont anéantis. »

Il disait vrai, l'ami de Fox, lorsque, pour remplir un devoir qui l'a fait si grand, il s'élevait au-dessus de tout ce qui lie la langue des hommes vulgaires. On sait ce qu'il advint.

Avant de signaler les conséquences de la victoire des cannibales qui viennent de souiller Paris, il convient de faire l'historique de ces fatales journées ; leurs pages restent les plus lugubres de celles qui attristent l'histoire de France.

# VII

## L'INFLUENCE RÉVOLUTIONNAIRE

### DE PARIS.

La quatrième révolution française vient d'arborer à Paris le drapeau du socialisme. Quel qu'en soit le cours, qu'une trève le suspende ou que la passion le précipite, il est un tableau rapide à faire. Il s'agit de rappeler la part qu'a eue Paris dans les principaux changements qui ont marqué l'histoire des quatre-vingts dernières années.

C'est Paris qui, en 1792, a repoussé les vœux, les revendications du bon sens que contenaient les cahiers. C'est encore lui qui a établi le premier empire, lequel devait frayer la route à l'invasion étrangère ; c'est cette même ville qui a détruit le travail réparateur de la restauration qui avait fait de la légitimité le palladium contre la conquête ; le coup qui frappait la monarchie de juillet partait de la même enceinte, foyer perpétuel des séditions : ce sont les basses classes de Paris qui ont favorisé Louis-Napoléon, se posant comme un démocrate de sang impérial et venant ouvrir cette ère hybride d'un ordre bâtard, contre lequel l'illustre Lamartine chercha en vain de prémunir le pays halluciné par l'ombre d'un nom ; c'est ce même peuple qui, au contre-coup de l'indignation excitée par Sedan, renverse l'empire et réduit l'impératrice Eugénie à finir son rêve de régence par la fuite ; bientôt, à la voix des démagogues, il prétendait placer la guerre à outrance sur la destruction du comité de la défense nationale ; enfin pris du vertige d'une commune qui doit avoir pour instruments la terreur, la mort ; Montmartre et Belleville viennent de faire reconnaître une fois de plus par le peuple de Paris, la révolution la plus funeste dans son principe et dans ses actes qui puisse menacer la société.

On ne peut donc plus le dissimuler à l'Europe,

Paris est le foyer du radicalisme qui relie et entraîne dans cet orbite tous les grands centres industriels.

La Société internationale (*trade union*) en Angleterre, a dans Assy l'esprit de son matérialisme. Telle est la peste qui, en quelques années, s'étend contagieuse et ne connaît pas le cordon sanitaire des frontières.

Les paysans ont, jusqu'à ce jour, tenu en défiance les embauchages du prolétariat et de l'ouvrier des villes. Mais il faut tout craindre de cette propagande démoniaque, à en juger par la démoralisation qu'elle a semée dans l'armée.

Aussi la France, désormais, même sous le couvert d'une paix éphémère, est divisée en deux camps. Le communisme est d'un côté, la civilisation, l'ordre, la liberté, sont de l'autre. Ce qu'il faut redouter, c'est la défaillance de la peur qui prédispose la partie flottante à se donner au vainqueur, soit que le droit reste maître ou que la force prenne sa place. En ce moment Paris offre un caractère qui doit fixer l'attention.

La confusion, le désordre, l'insubordination des soldats contre les chefs, la rue se faisant sénat, le plus grossier ignorant transformé en législateur, le soupçon contagieux imaginant des es-

pions et des traîtres partout : la loi des suspects,
ce qui est pire, le mot prononcé faisant courir la
populace enflammée sus aux plus innocentes victimes, l'exécution capitale sommaire pour des dé-
lits et torts imaginaires, telle est la manière de
ces étranges philanthropes d'entendre la démocratie et de pratiquer la fraternité !

Une grande révolution est donc en train de
s'accomplir dans l'état politique, industriel, social, dans la réputation et la nature morale de la
France. Quand le dernier Allemand et le dernier
wagon chargés de nos dépouilles auront passé la
frontière, la catastrophe, qu'on ne voit encore
qu'à la surface, apparaîtra dans toute sa profondeur. Tant de difficultés, de surprises, d'impuis-
sances s'y rattachent. C'est ainsi, par exemple,
qu'on estime l'arriéré commercial en souffrance à
un milliard 600 millions. Encore, cette ruine
n'est-elle rien comparée au trouble moral, vrai
ferment corrosif d'une dissolution sociale, au sein
de la révolte des esprits, de toutes les ambitions
aux prises, de l'entrée sur la scène des plus extra-
vagantes prétentions. La subversion est partout.

Il y a quelques semaines, nous étions témoin, à
Sainte-Gudule, d'un immense concours de fidèles ;
c'était le jour des Cendres de la chrétienté. Main-

tenant la France peut instituer cette commémoration pour elle-même. Niobé des nations, elle devient, par les fautes du gouvernement qui l'a engagée dans cette voie, la tributaire de Guillaume et du prince de Bismark, titre nouveau conquis sur notre humiliation.

Mais il faut quitter ce drame pour revenir à celui dont la France est encore le théâtre, qui a pour galerie émue l'Europe.

Comme nos illustres devanciers, Chateaubriand, Lamartine, Thiers, l'heure présente, pleine de troubles, laisse voir les opinions du peuple plus orageuses que la mer. Sur son flux et reflux qui alterne la direction de ses vagues, le désordre n'y est qu'un accident passager. Mais les passions des clubs, les chimères qu'elles poursuivent, les impossibilités auront toujours plus d'empire sur la foule.

Du sommet des illusions de cette tour de Babel, le peuple est précipité dans l'enfer, alors qu'on lui montre le ciel à escalader.

De l'erreur du fétichisme du peuple, lors de l'élection du 10 décembre 1848, découlent tous nos malheurs. Éprise de l'ombre d'un nom, la France se livre au météore d'où devait tomber cet aérolithe de mort qui a fait l'épitaphe nationale de Sedan.

Et cependant, ces jours derniers encore, celui qui, comme le prouvent ces témoins à charge sortis des révélations des papiers secrets et du télégraphe, voulait avant tout sauver sa chair alarmée, à l'aide de ténébreuses intrigues, cherchait à ressaisir cette couronne. — Elle a glissé de son front foudroyé par le Mars germanique, dans le sang où baigne le souvenir de l'hôte de Chislehurst.

# VIII

PETITE CAUSE PRODUISANT DE GRANDS EFFETS.

On sait la cause de cette levée de boucliers de l'anarchie qui a enlevé Paris à la France.

Des canons, des mitrailleuses, des munitions étaient entassés à Montmartre, de même qu'un parc d'artillerie dans le Jardin du Luxembourg.

Il s'agissait de les restituer au gouvernement, qui a la garde, la responsabilité de la propriété nationale et du matériel militaire.

Il ne saurait y avoir d'équivoque à cet égard.

Le comité central des républicains prétendait

que cette artillerie achetée par la garde nationale lui appartenait; dès lors il refusait de la rendre, si ce n'est avec le consentement de tous les propriétaires, c'est-à-dire avec la ratification plébiscitaire de la garde civique.

On voit où mène ce sophisme, à la destitution de l'autorité légale, conséquemment à la prédominance de l'émeute, à une nouvelle et radicale révolution.

M. Thiers, ce stratégiste consommé du champ parlementaire, était parvenu à effacer les irritations qui faisaient ressembler la Chambre à une arène de pugilats.

L'autorité d'une parole sûre d'elle-même, au service des vues si hautes de l'homme d'État, venait de trouver et de tracer le point et les moyens d'une indispensable conciliation.

Modérer l'impatience des uns, trop enclins à reculer en arrière, substituer la raison à l'emportement et à l'exagération des autres, tel était le devoir de M. Thiers.

Il avait amené les résistances provinciales à une transaction nécessaire. Le choix de Versailles se justifiait par la simultanéité du besoin de rapprocher la résidence de l'Assemblée du centre du gouvernement. On subordonnait la fixation définitive aux circonstances, en poursuivant la pacification des esprits.

M. Thiers, consciencieux, strict observateur du droit et de la légalité, n'avait pas hésité à émettre l'opinion que la Chambre, dans la haute mission qui lui était dévolue, n'était pas cependant constituante.

Les susceptibilités éveillées d'abord avaient abouti à des bravos aussi honorables pour l'Assemblée que pour le chef du pouvoir.

Pour bien apprécier son but conciliatoire, il suffit de relire le discours qui, par son importance, restera comme un phare éclairant la situation et les responsabilités dévolues à chacun.

Nous dirons à la majorité, il ne faut pas voir la situation dans l'optique des illusions de province et sous la prévention de l'esprit de parti. C'est avec la réalité qu'il faut régler un compte mathématique. L'enfer est pavé de bonnes intentions, nous redoutons que tous ces honnêtes députés ruraux ne prennent les rêves de la paisible solitude des champs pour les possibilités de la politique, lorsque gronde l'impatience populaire.

# IX

## L'ASS EMBLÉE A VERSAILLES

### LA DÉFECTION.

Cette ville, occupée par les Prussiens, devenait le centre momentané du gouvernement. Avant de poursuivre ses travaux si importants, il fallait prendre un parti pour la révolte de Montmartre, par suite du refus de remettre l'artillerie.

Deux alternatives s'offraient : l'une consistait à temporiser, en cherchant à obtenir par la persuasion la remise de ces armes dans une transaction. — La force restait comme *ultima ratio*, en désespoir de cause. Mais y avoir recours avec des soldats rassemblés au hasard, sans cohésion avec leurs chefs, sous la démoralisation des récentes défaites, était fort hasardeux.

Quand on se rappelle ce qui y a eu lieu en 48, sous la dictature de l'éloquent M. de Lamartine, on sent la nécessité d'une grande mesure. Si, conformément à l'insistance emportée des députés de la province, M. de Lamartine eût engagé la bataille contre le drapeau rouge, il la perdait. Elle ne put être gagnée qu'en juin, à quel prix, et avec quelles troupes et quels généraux !

Il y avait entre eux une communauté de souvenirs et de gloire.

Les noms de Lamoricière, Cavaignac, Bedeau, Changarnier et tant d'autres ne peuvent être assimilés, pour l'autorité, à ceux moins heureux que possède la république actuelle.

L'autre parti consistait à en finir de suite ; c'était, il faut le reconnaître, la mise en demeure, la sommation faite à M. Thiers, par les journaux conservateurs. C'était l'esprit de la majorité souveraine, dont le pouvoir exécutif n'est que l'instrument.

La sagacité du vieil homme d'État dut avoir de terribles doutes sur le résultat d'une action décisive, pour laquelle on ne semblait pas être en mesure ; il a décrit les mouvements populaires, il est familiarisé avec les périls de la guerre des rues, il a, dans son livre de la Révolution française, peint les défaillances, les surprises où le soldat s'évanouit au souffle des fraternisations avec le peuple ; il sait tout ce qu'il y a de force dans ce sage avis de M. de Talleyrand : *Et surtout pas de zèle.*

Enfin, on s'est décidé pour l'action immédiate ; seulement, une partie de la force destinée à cet effet a donné la main à la rébellion. Ce n'était plus la baïonnette en avant, mais la crosse en l'air.

On sait le reste. Les vivats à la ligne, ont bientôt amené une volte-face, les officiers abandonnés de leurs soldats ont vu la souillure s'attacher au drapeau : c'était le déshonneur mettant le comble à la disgrâce que les Allemands avaient infligée.

A quelle hauteur de mépris a dû monter Guillaume le conquérant, rigide même envers son propre sang ! Le prince royal chargé de lauriers, le terrible prince rouge, ce dévastateur des bords de la Loire, le calculateur Moltke, ce brillant état-major, ces officiers de tout rang, ces soldats pour lesquels la voix de leur chef est un oracle et la vue de leur drapeau une ivresse.

Que penseront-ils ?

Que diront-ils ?

Que n'oseront-ils pas, grand Dieu ?

Sur ces Buttes-Montmartre où jadis la première France impériale livrait ses derniers combats, par des soldats sachant mourir aussi bien que vaincre ; aujourd'hui des hommes qui tenaient l'épée de l'honneur militaire et de l'ordre social l'ont rendu à la plus vile tourbe qui fut jamais.

La voix des conspirateurs de la désorganisation sociale a étouffé celle de la France que leur parlaient M. Thiers et l'assemblée sortie du libre choix national. La couardise perfide de soldats *félons* ne s'est pas contentée de passer à l'ennemi, ils y ont porté leurs armes et leurs cartouches, ils ont tué leurs officiers, tandis que la *rabble* de Montmartre et de Belleville assassine les généraux, même ceux qui ne combattaient pas.

Chanzy, qui jadis affrontait le feu ennemi dans les derniers combats livrés par le désespoir, meurtri, abîmé d'injures, lui qui a voté la guerre demandée, a failli être pour la canaille une matière à *lanterne ;* Dieu veuille qu'il soit remis en liberté. Toujours est-il qu'il a passé par les rudes mains de gens qui hurlent, assassinent, mais ne se battent pas.

Les révolutions sont faites par des minorités audacieuses, paralysant ou effrayant la majorité.

Hélas! bien des causes justes périssent parce

qu'elles ne sont pas suffisamment défendues, bien des erreurs font leur chemin parce qu'elles sont audacieusement introduites et audacieusement soutenues.

C'est ainsi seulement qu'on peut expliquer comment la garde nationale la mieux intentionnée, surprise ou défaillante, a laissé une tourbe de perturbateurs prendre Paris.

Ce palladium, longtemps tenu pour sacré et respecté en partie par les Prussiens, appartient aujourd'hui à l'écume de tous les vices.

Ce désordre, ces maux, ces violences, se précipitent, alors que chacun demandait à la paix et au travail le meilleur baume aux blessures et aux misères.

Le terrorisme, se jouant de toutes ces espérances, y substitue la consternation.

Devant la garde nationale frappée de stupeur, semblable à la femme de Loth, les manœuvriers du désordre sont allés à l'hôtel de ville, proclamer un gouvernement dont le drapeau rouge est le symbole ; chaque jour révèle les nouvelles audaces du crime qui prétend faire de la France l'instrument d'une révolution européenne.

Et pendant que la Prusse jette des paroles

pleines de menaces, sur toutes les lèvres se pose
la question :

« Dans des circonstances si graves, comment
une révolution a-t-elle pu être entreprise et
réussir? »

C'est une humiliation mille fois plus amère
que celle présentée au bout de l'épée germanique.
Ce jour restera dans l'histoire, plus lugubre que
celui des morts dans la plus sanglante bataille.

On peut être trahi par la fortune, mais on a
combattu l'amour dans le regard, le feu de la patrie au cœur.

# X

## LA MORT DU SOLDAT.

Tel que Bayard à Romagnano, si l'on meurt,
c'est en regardant le drapeau, c'est en plaçant
sa dernière pensée sur les êtres chers : une femme,
une mère, une sœur.

Les souvenirs du village jettent le baume sur
l'agonie ; ils laissent entrevoir l'aurore qui découvre, au sein des ténèbres de la mort, la patrie où
l'on retrouvera ceux que l'on laisse derrière soi.

On part avec la conscience d'avoir agi en con-
formité à ce principe de Nelson qu'il devait con-
sacrer par son exemple :

« L'Angleterre s'attend que chaque homme fera son devoir. »

Ah ! vous n'avez pas fait le vôtre, soldats transfuges, dans les rangs des perturbateurs de Montmartre !

Vous, gardes nationaux silencieux, devant votre disgrâce, étant à vous-mêmes vos confesseurs :

« Dites devant Dieu et devant les hommes, en restant impassibles devant ces envahisseurs de la capitale de la France, de la fortune publique, n'avons-nous pas forfait à notre devoir, voilà pour le principe, mais le cœur ne doit-il pas frémir en songeant que femmes, enfants, foyer, le présent, l'avenir des générations sont aux mains de ces détrousseurs, de ces coupe-gorge de la société ? »

# XI



Le prétexte donné à ces violations, à ces coups
mortels portés au gouvernement, à l'existence nationale, ne supporte pas l'examen ; il ressemble à
ces inventions qui jadis sortaient de la fabrique de
l'affreux Marat et autres amis du peuple. Atroces
monstres, propres à faire trembler les *sangliers*
des *Ardennes ;* il est vrai que le gouvernement en
compte un ; variété inconnue qui a pour ménage-
rie l'hôtel du ministère, où il doit être bien surpris de se voir. Est-ce le nom qui a fait choisir

M. Sanglier? (1) S'il avait affaire à des Chinois qui comptent sur l'efficacité terrifiante des emblèmes, il y eût eu de l'à-propos; mais il a en face M. de Bismark, et le sanglier français aura beau hérisser son poil, cela ne servira qu'à rendre les conditions plus dures.

Pauvre M. Sanglier, enflez donc votre voix, le chancelier a fait ses preuves, il vous reste à faire les vôtres, et elles seront tristes pour la France.

Voici qu'à bout de moyens, les brigands qui ont mis une main sacrilége sur l'ordre social font de la terreur leur grand apôtre; vous parlez de droit, leur politique se résume en deux mots : « voler et tuer ». Vous avez : je prends; vous ne pensez pas comme moi : à la lanterne, à l'échafaud ! » On a mille inventions pour justifier les crimes aussi bien que les exécutions sommaires de la justice du peuple; ce qui a eu lieu à la place Vendôme prouve que l'humanité des bourreaux de l'Abbaye, en 1793, n'a pas dégénéré chez leurs descendants.

(1) M. Sanglier habitait Bruxelles, et il y a deux ans environ il demeurait rue de Cologne, exerçant la profession de coiffeur — *pour dames* Il aurait reçu une somme d'argent assez ronde de l'Internationale qui le nommait son délégué à Paris.

(N. de la R.)

# XII



PARIS. -- SA PHYSIONOMIE ACTUELLE, UNIQUE DANS
LES ANNALES DU MONDE. -- LE VOL RÉQUISITION-
NAIRE. -- ANECDOTES CURIEUSES. -- DIALOGUES
POPULAIRES. -- AFFREUX DRAME.

Il semblait que les annales modernes de la
France ne laissaient plus place à des folies et à des
crimes nouveaux.

Les hommes de Belleville, de la Villette et de
Montmartre ont été jaloux de dépasser leurs devanciers. En attendant que se dresse pour le
monde, saisi d'indignation, la liste des méfaits et
des responsabilités, il nous a semblé qu'un grand
intérêt s'attachait au tableau des scènes et des mesures révolutionnaires dont Paris est en ce moment le théâtre.

C'est d'abord la propriété publique et privée tenue comme taillable et corvéable à merci. La Banque est rançonnée à main armée, on somme M. de Rothschild d'avoir à livrer à la caisse de l'émeute la première contribution dont elle veut honorer ce roi de la finance.

Les mêmes intentions délicates s'étendent suivant les degrés de fortune aux maisons de banque qui créditent le travail et l'industrie.

Comme prélude de ces beaux exploits dignes de ceux qui tiennent pour dogme que la propriété, c'est le vol, on dresse dans les tavernes du brigandage les listes des fortunes au détriment desquelles on veut extorquer le prix du désordre.

Nous ne parlons pas des faits particuliers, des excès de tous genres encore inconnus qu'amène chaque heure du règne socialiste.

M. Assy, qui figure le premier sur la liste du comité, a droit à une couronne de l'enfer, car le *digeste* de cet étrange législateur a deux termes : le pillage et le meurtre.

Voilà qui est plus grave, ce n'est pas seulement la main-mise sur les valeurs matérielles, c'est le sang des hommes paisibles ou des défenseurs de la patrie versé par l'abominable main des lâches qui ne la défendaient pas.

Des citoyens se réveillant au sein de la torpeur où Paris était plongé lors de l'invasion des rebelles de Montmartre se réunissent sans armes pour manifester dans l'adhésion à la république leurs sentiments loyaux pour le gouvernement légal et l'Assemblée nationale.

Parcourant les boulevards, la rue de la Paix, la place de la Concorde, ils se dirigeaient vers l'Hôtel-de-Ville, lorsqu'ils furent dispersés.

La même manifestation se reproduit le 23 mars.

Vers une heure, les partisans de l'ordre, qui s'étaient donné rendez-vous au boulevard des Capucines, se réunissaient devant le Grand-Hôtel et reprenaient leur marche pacifique. La manifestation comptait près de 6,000 personnes. Elle voulut se porter de nouveau à la place Vendôme, dont elle trouva les issues solidement gardées.

Au coin de la rue de la Paix et de la rue Neuve-des-Petits-Champs, les gardes nationaux de piquet voulurent s'opposer à la marche de cette foule désarmée et croisèrent la baïonnette sur elle. Six cents personnes environ voulurent refouler de ce côté les gardes nationaux, qui, après avoir tiré deux coups de fusil en l'air, sonnèrent immédiatement la charge et firent sur la foule un véritable feu de peloton.

La masse pacifique se dispersa au milieu d'une terreur, folle qui est bien pardonnable, il faut le dire, devant une fusillade aussi imprévue. Plusieurs morts et un grand nombre de blessés restèrent sur la place.

Parmi les victimes, à côté de Henry de Pène grièvement blessé, il faut citer M. Gaston Jollivet, journaliste, qui a reçu une balle dans le bras, et enfin un membre influent du Jockey-Club, qui a été frappé à l'épaule.

Un des fétides exécuteurs de cette boucherie a achevé d'un coup de crosse sur le crâne un malheureux vieillard dont la figure avait été trouée par une balle et qu'on voulait porter à l'ambulance. Voilà les gens qui gouvernent Paris à cette heure!

Les détails que nous transmettent nos correspondants et que nous donnent des voyageurs, sont de plus en plus lugubres; nous allons en décrire quelques-uns :

C'était un curé escorté par une troupe d'hommes armés, au milieu des cris : *Fusillez les prêtres !* — Non! s'écria une femme dans la foule, frappez les généraux, mais épargnez la religion! — Ce n'est pas un prêtre, mais un espion!

Alors une dame, élégamment vêtue, vient en

aide à la première. Ses manières, son port, la délicatesse de ses traits, tout annonçait la distinction. Ses yeux brillaient d'un feu subit lorsque des cris réclamaient le sang de ce juste. Son indignation était manifeste. Un étranger qui se trouvait là tremble pour son sort.

— De quoi ce prêtre est-il coupable? s'écriat-elle en s'adressant à un garde national.

" — Il se promenait dans la rue de Rivoli, répliqua celui-ci; qu'avait-il besoin d'aller là? Nous l'avons arrêté, il doit rendre compte de sa conduite.

Il sera jugé, et s'il est coupable, fusillé, comme tous les traîtres. "

— Quoi, répliqua la belle dame, est-ce là son crime, est-ce là votre liberté si vantée? Je croyais que vous étiez républicains et que nous étions tous libres. Honte sur vous, je suis une Alsacienne, mes frères ont combattu contre l'ennemi, ils sont prêts à donner leur vie pour sauver la France, bien différents de vous, Parisiens, qui hier, assassiniez des généraux et aujourd'hui voulez tuer les prêtres. "

Ce reproche soudain, prononcé d'un ton hautain, produisit une profonde impression.

Le garde national comme la foule, paraissait fasciné; pas un mot ne fut répliqué; permettez-moi de passer, messieurs, dit la dame. Et elle s'éloigna sans insultes. Quant au garde national, il plongea ses lèvres dans un vaste seau de zinc qui contenait du vin au service de chaque barricade.

Il est attesté par des correspondants étrangers que les libations y sont fréquentes parmi les gardiens.

C'est pitoyable de voir ces joues avinées et ces démarches chancelantes. On va jusqu'à supposer que la boisson est assaisonnée d'ingrédients qui ôtent la raison d'une manière complète.

Ce qui reste un étonnement pour les étrangers, qui ne peuvent assez le témoigner, c'est que dans Paris, l'excitation politique est spasmodique tel qu'une maladie chronique, inconnue ailleurs.

Dans cette cité reine, maintenant un tombeau, les plus grands malheurs semblent être un spectacle récréatif plutôt qu'un sujet de douleur. Lorsque survint le désastre de Sedan, les rues étaient transformées en un fleuve humain mugissant; la pensée d'être délivrés de l'homme fatal jetait un baume sur les blessures du patriotisme.

Un empire avait été renversé, une république s'était élevée à sa place avec la rapidité électrique.

Lors de l'investissement de Paris, les sorties qui devaient laisser tant de morts sur le terrain non-seulement excitaient l'émulation des braves, mais semblaient une distraction aux plus paisibles natures.

Rien ne saurait donner l'idée de l'empressement de toutes les classes à camper dans les rues pour être témoin des farces et des excès du gouvernement démagogique et de ses *hommes*.

Ce sont tour à tour des sifflets, des échanges de mots, des menaces, des coups, et malheureusement pis encore.

A la vue des patrouilles de gardes nationaux, il ne manque pas d'Aristophanes pour crier : " — Où sont vos casse-tête? — N'allez-vous pas recommencer les faits et gestes de la police impériale? "

Voici une autre scène : le 21 mars, Paris fut réveillé par le bruit du canon, à Montmartre et à la Villette; l'alarme est grande, les tambours battent le rappel.

Les gardes tirent en l'air, leurs camarades endormis sautent hors de leur lit, saisissent leurs armes et courent au rendez-vous; les rues semblaient des fourmilières, chacun a devant soi une triste perspective. Les Prussiens arrivent, ils sont aux portes de la ville, tel est le cri général, d'autres disent : Ils sont déjà sur les remparts.

Les femmes, les enfants forment un chœur de gémissements patriotiques; c'était un bruit horrible.

Voici un trait qui daguerréotype les dispositions de l'armée.

Un soldat dit à un officier :

— Capitaine, qu'y a-t-il? Je suis prêt à combattre les Prussiens, si besoin est, mais à marcher dans Paris, non ! non !

— Non ! répètent à leur tour un grand nombre de soldats.

La confusion dans les esprits et l'extravagance des propos sérieux ou plaisants sont tels qu'une vieille dame déclarait que " le meilleur souverain que la France pût avoir en ce moment, c'était Pierre Bonaparte : il ne s'effraierait pas des clabaudeurs, il a le tir juste sans nul doute, et il n'aurait aucun scrupule d'exercer son talent sur des hommes qui nous ont fait boire le calice de nos misères... "

De même que la lumière s'obscurcit au ciel, il est des éclipses du bon sens, des notions du juste et du vrai, chez le peuple. Dupe fanatique de ceux dont il devient l'instrument, comme les hébreux il tourne sa colère contre ceux qui lui montrent la vérité, et veut les lapider.

Sous le couvert des programmes qui masquent le but socialiste de l'école de Belleville, il se dégage mieux chaque jour, c'est le sens-dessus-dessous et le pillage. Ainsi il n'y a qu'un refrain : « Saisissez la caisse ! » En effet, tout est de bonne prise pour les nouveaux maîtres de Paris et leurs adhérents.

Les administrations savent bien (compagnies de chemins de fer et autres) que le sauve-qui-peut est la seule ressource qu'a le capital menacé : aussi son émigration suffirait seule pour enlever la dotation aux chefs et aux 300,000 hommes de leur armée, qu'ils prétendent défrayer au préjudice de la fortune publique, déjà si attaquée, et des bourses particulières.

La raison la plus ferme se trouble au vertige qui semble avoir saisi la population parisienne.

Au dire du plus grand organe étranger, Paris semble un monde de fous : pour beaucoup encore, comme pour le paysan qui croyait trouver Napoléon Ier dans le neveu, les Prussiens se sont éloignés sous la peur d'affronter la résistance de la grande Babylone. C'est une lubie suivie de tant d'autres, d'un caractère malheureusement plus dangereux.

C'est à Paris, le flambeau de l'univers, à diriger la France ; tel est le mot d'ordre des groupes mutinés contre le principe qu'ils revendiquaient hier.

L'école qui fait du travail la source de l'assistance agit conformément à la loi chrétienne et aux vrais principes de la politique. Le siége de Paris, qui a inauguré le régime de la subvention, a déshabitué de l'atelier et a créé cette oisiveté dotée, cause de la démoralisation qui a gangrené les classes inférieures. Les bons ouvriers, devenus accessibles aux incitations séditieuses, se laissent facilement gagner à la propagande diabolique, que le gouvernement conspire contre leur liberté et leur bien-être (1).

(1) Voici le tableau d'un journal de Paris qui retrace quelques traits de la physionomie d'une de ces émouvantes journées :

De tous les côtés, les barricades émaillent pittoresquement les places et les rues ; des gardes nationaux, le fusil au poing, se promènent en long et en large, en fumant. — Pas de cris, même pas de groupes ; quelques gamins jouent entre les roues des pièces.

Chez les marchands de vin, le maire Clémenceau est violemment accusé de détournement de denrées alimentaires.

D'autres parlent de séduction de jeunes filles, dont l'administrateur-don Juan se serait rendu coupable.

Les défenseurs de M. Clémenceau sont aussi chauds que ses détracteurs.

11 heures. — Nous retournons à l'Hôtel-de-Ville.

Le drapeau rouge, sur la façade du monument, agité par la brise, flotte doucement et perd sous les reflets du soleil une partie de la crudité de sa couleur.

Voici un fait qui s'est produit depuis, non moins caractéristique :

M. Gagne, quincaillier, général commandant à

On parle beaucoup d'aller à Versailles, mais l'opinion générale est opposée à toute sortie de ce genre.

Midi. — *La solde vient d'arriver* — Autour du Palais de Justice les arrestations sont nombreuses, mais exécutées avec une politesse relative. De nombreux groupes en armes se dirigent vers l'avenue des Champs-Élysées.

À Bataclan, une colonne d'environ deux mille hommes se dirige vers les buttes avec deux pièces de canon.

Ils arrivent sur la place du Château-d'Eau, un officier crie : À Versailles !

Une grande hésitation se manifeste dans la troupe.

Au bout de quelques minutes, c'est à peine s'il reste deux cents hommes autour des pièces. — Voyant la défection de leurs camarades, les débris de la troupe se dirigent vers l'Hôtel-de-Ville.

Quatre heures. — Beaucoup de bouteilles sur la place de l'Hôtel-de Ville. — Beaucoup d'enthousiasme aussi. — On complète les barricades, mais mollement.

Autour du Palais de Justice les arrestations vont toujours leur train.

Un capitaine de la garde nationale explique que les anciens agents de police rôdent sans cesse comme des ombres autour de leur ancienne demeure. — C'est pourquoi les arrestations sont si nombreuses.

Les femmes surtout sont animées contre la police et sont les premières à crier : A bas la rousse !

Cinq heures. — Rue de Grenelle, la distribution d'armes commencée le matin continue sans relâche.

On distribue des sabres, des pistolets d'arçon, des fusils de toute provenance.

Un certain nombre de fusils Dreyse, provenant du champ de bataille de Champigny, sont remis à ceux qui en demandent. Aucune preuve d'identité n'est réclamée. Quelques citoyens ont un dreyse et un chassepot. Un gamin de seize ans environ, haut comme une botte de gendarme, mène sur le pavé un grand bruit de ferraille. En effet, le bambin est attaché par une ficelle à un immense sabre de uhlan. Sur son épaule est un chassepot dont le sabre-baïonnette exécute, avec le sabre de cavalerie, une musique infernale.

Au Champ-de Mars, moins de soldats et peu de civils ; un artilleur vend son cheval 60 francs. Deux gendarmes, accusés d'avoir dégainé contre le peuple, sont arrêtés et entraînés du côté de la préfecture de police. Un fort piquet de garde nationale les protége contre la foule et ne les lâche qu'au palais de justice.

Sept heures du soir. — Un gendarme, le képi sur l'oreille, flâne dans la

Montmartre, fait son rapport, se remuant dans ce laconisme d'insensibilité :

« Rien de nouveau. »

Il n'y avait eu, en effet, durant la nuit, que

rue des Martyrs. Il est légèrement ému, sa démarche est quelque peu titubante. Un gamin crie : A bas la rousse !

La foule s'amasse, le gendarme est saisi, jeté à terre. Il se relève, et en se débattant blesse légèrement une femme à la joue.

Alors la foule se jette sur le malheureux, en un clin d'œil il est ficelé et jeté sur une charrette à bras.

Vingt personnes s'attellent au véhicule, qui gravit la rue des Martyrs. Arrivé à la barricade, le patient est jeté à terre et littéralement porté jusqu'au haut des buttes Parfois le malheureux tombait, et était relevé à coups de pied. Arrivé à la batterie, il fut remis aux mains des gardes de la butte. Quelques instants après un coup de feu se faisait entendre.

Un meurtre de plus était consommé.

Huit heures. — Quelques gardes nationaux parlent d'aller à Versailles. Les chefs modèrent leur ardeur, et leur font comprendre que Versailles étant solidement protégé, ils ne sont pas assez nombreux pour aller l'attaquer.

— Nous sommes cent mille ! crient quelques-uns.

— Nous ne pouvons pas laisser Paris sans défense, répondent les officiers ; d'ailleurs comment transporterions-nous là-bas nos munitions et notre artillerie ?

— Nous pourrions réquisitionner les chevaux de la Compagnie des Omnibus

Ce projet ne prévaut pas, et on se borne à parler d'une imposante députation à envoyer à la Bastille avec le bonnet rouge en tête.

En descendant la rue Rochechouart, nous entendons le ronflement des machines de la maison Godillot. C'est d'un bon signe.

Quelques pas plus bas, nous apercevons un nombreux rassemblement qui se forme.

Deux gardes nationaux tiennent sous les bras un capitaine de mobiles qui se débat, mais qui ne peut s'échapper de leur étreinte.

Voici pour quelle raison on l'a arrêté :

Il montait la rue Rochechouart, lorsque les proclamations du comité central que l'on venait d'afficher sur les murs frappent ses yeux.

Ne pouvant maîtriser son indignation, il les lacère avec sa canne, et deux gardes nationaux qui l'aperçoivent se précipitent sur lui pour l'arrêter et le punir de ce crime de « lèse-comité ».

Dans la rue Montmartre on aperçoit quelques bandes de soldats sans armes qui errent à l'aventure. Des gardes nationaux vont « fraterniser » avec eux et leur demandent des cartouches huit personnes fusillées dans le quartier, comme gardes municipaux déguisés ou espions supposés.

On le voit, ces messieurs n'y vont pas de main-morte. (1)

Les *lignards*, qui en ont leurs poches pleines, en distribuent à la ronde.

Les abords de la mairie du 11ᵉ arrondissement sont tellement encombrés qu'il est presque impossible d'y passer.

### PLACE VENDOME.

Deux heures. — La façon dont le comité central donne ses ordres militaires aux différents postes de Paris est assez curieuse pour mériter d'être décrite.

De minute en minute, on voit sortir des fenêtres du bâtiment qui servait jadis de résidence aux officiers de l'état-major, une main plus ou moins blanche terminée par une enveloppe jaunâtre que ferme un cachet de cire rouge.

Aussitôt un porte képi quelconque se hisse le long du mur, va cueillir le pli cacheté, redescend et grimpe sur un cheval étique qui attend non loin de là.

L'ordre du comité, porté par ce Mercure peu rapide, va s'abattre sur un point quelconque de la capitale, où il fait aussitôt jaillir quelques coups de tambour.

(1) Le fils du vicomte de Molinet venait d'être assassiné. Le père, qui avait fait partie de la manifestation, s'est jeté sur le cadavre de son fils, en s'écriant que rien ne le séparerait de son enfant. En conséquence, il fut fait prisonnier par les insurgés.

Les insurgés bourreaux lui crachèrent à la figure, arrachèrent de sa redingote la décoration de la Légion-d'Honneur et la lui jetèrent au visage. Ensuite, ils frappèrent le vieillard, ils le renversèrent, piétinèrent sur lui et lui lancèrent des coups de pied.

« Vous pouvez vous en aller maintenant, dirent les insurgés aux amis du vicomte, car il est condamné à mort. »

Le malheureux vieillard n'eut que le temps de demander qu'on l'enterrât décemment, quand il perdit connaissance.

# XIII


L'INERTIE DU PAYSAN.-- NOUVEL AUXILIAIRE DU
SOCIALISME. -- L'INJUSTICE.

Là se découvre un abîme de l'avenir. — C'est
que le paysan, *le rustique*, objet des plaisanteries,
du mépris gouailleur de l'ouvrier, est lui-même un
démagogue qui s'ignore. Dans ce débordement de
toutes les passions cupides, des fausses idées, n'y
a-t-il pas à craindre qu'elles ne lui apportent la
contagion de l'envie des artisans? Ce socialisme en
marche a malheureusement un grand et invinci-
ble allié, c'est la gêne universelle. Tel qui dans l'état
normal eût assommé l'apôtre de la liquidation
sociale, voit dans les embarras et la détresse
qu'apporte le présent un moyen d'échapper au

payement des billets souscrits, des fermages et des loyers ; cette crainte n'est que trop justifiée par cette réponse d'un marchand à un homme d'ordre, lui demandant pourquoi il ne défendait pas le gouvernement et ne se rendait pas à l'appel de la garde nationale fidèle ; c'est parce qu'ils ont fait une mauvaise loi sur les échéances. N'est-ce pas là un signe d'une décadence générale des hommes et des choses : tout s'effondre, confiance, honneur, intelligence.

Quand des malheurs aussi accablants que ceux accumulés par la guerre, quand des dangers aussi effroyables doivent provenir de la division des partis, quand au sein de leur antagonisme implacable se trouve un port de salut où la sagesse, l'expérience, la loyauté du pilote permettent d'aborder, il est désespérant de voir les obstacles et les exigences des vieux partis dits de l'ordre et les proscriptions et les méfiances des républicains. Sous ces bourrasques, il devient dès lors très-difficile pour M. Thiers d'éviter les écueils où poussent les passions de la démagogie et l'aveuglement des conservateurs.

Cependant, dans la crise terrible où est la France, la cohésion des divers esprits peut seule créer la force morale nécessaire pour dominer la rébellion et retirer la France de l'abîme où ses infortunes l'ont plongée.

Là se trouve l'explication du succès du dernier attentat révolutionnaire du 18 mars.

Le gouvernement a dû éprouver de grandes perplexités en trouvant le désert autour de lui après les appels qu'il avait faits au patriotisme de tous les partis.

Il y a plus, l'injustice que nous avons vue en 48 s'attacher à M. de Lamartine, pour avoir préféré le salut de la France à sa popularité, se retrouve aujourd'hui contre les hommes qui ont offert en holocaustes leur nom à la signature d'une paix indispensable.

Un des graves côtés de cette situation, c'est la ruine qu'elle amènera inévitablement si elle se prolonge.

L'armée prétorienne du comité peut disperser des citoyens, mais ne garantit pas la sécurité nationale contre un retour offensif de la Prusse.

D'abord, où trouver de l'argent pour payer tous ces hommes qui font le service des barricades?

Un vivre et un boire abondant leur sont surtout nécessaires. Où se trouve la caisse du fameux comité central? Son champ d'impôt, c'est la terreur, ses percepteurs sont les réquisitionnaires.

# XIV

PRATIQUES ET PÉRILS DE LA POLITIQUE
RÉVOLUTIONNAIRE.

On a commencé par mettre à contribution les
boulangers avec des assignats émis par le comité
central, le tour des autres fournisseurs viendra ; au
premier rang, les marchands de comestibles, puis
les autres succéderont.

Cette situation est bien grave et cependant, si
l'on veut examiner les difficultés qu'elle peut créer
du côté de la Prusse, on frémit en songeant au
malheur que ces politiques stupides ou enragés
et le conseil des ministres de Belleville, sous

la présidence du héros du Creuzot *Assy* (Assis),
peuvent attirer sur le pays.

Ils l'ont senti, ces déclamateurs contre le traité
de paix, en ayant soin de déclarer qu'ils recon-
naissaient les traités internationaux et les préliminaires de Versailles.

Quelle amère dérision! Où se trouvent le capi-
taliste, le père de famille, l'honnête ouvrier, qui
iront confier leur épargne au gouffre de Belleville?

Est-ce l'*Internationale* qui leur donnera les
cinq milliards, rançon dont l'homme de Sedan a
fait cribler la France?

Qu'ils songent à cette responsabilité multiple
à l'égard de la Prusse dont ils frustrent le gage envers leur pays qu'ils perdent, envers eux-mêmes
qui sont les premières victimes de leur propre folie.

Ah! quand ils regardent leur œuvre, ils doivent
être épouvantés et surpris.

Cet épisode d'une bande d'émeutiers maîtres
de la plus riche ville de l'univers est un des plus
étranges qu'on puisse offrir à l'avenir.

Quels sont ces hommes? d'où viennent-ils?
qu'apportent-ils?

Leur socialisme, qui est la ruine de tous, leur
donne le pouvoir, cela suffit.

Quant à leurs partisans, ils ne peuvent s'en créer qu'en les dotant aux dépens de ceux qui possèdent.

Leur désintéressement ressemble à leur amour de la liberté, tout ce qui ne pense pas comme eux leur est suspect, leurs moyens de persuasion ont l'orthodoxie spéciale du crime ; ils consistent à emprisonner, frapper et tuer.

La liberté individuelle est mise au même rang que le respect de la propriété.

Il est un proverbe :

*Quand on veut tuer son chien, on dit qu'il est enragé.*

Ces messieurs les citoyens se le sont rappelé en accusant le gouvernement d'avoir voulu les massacrer, eux, leurs femmes et leurs enfants ; c'est ce qui explique l'étrange récit du journal officiel :

« Le général Lecomte a quatre fois donné l'ordre de charger une foule inoffensive de femmes et d'enfants ; le général Clément Thomas a été arrêté au moment où, en habits bourgeois, il prenait le plan des barricades de Montmartre.

Ces deux hommes tombaient sous les lois de la guerre qui ne permettent ni l'assassinat ni l'espionnage. »

C'est l'absurde après l'odieux.

Sous ce baptême de sang dont la journée du 19 mars a rendu le compte plus terrible encore, la Commune viendrait ouvrir l'ère de la terreur.

Il n'y a que la force, en effet, ayant pour ministre le bourreau, qui puisse, nous ne dirons pas convertir, mais terroriser la France. On peut mesurer les pentes déjà descendues, lorsqu'un homme aussi avancé que M. Langlois, au premier rang des sorties contre les Prussiens, est aujourd'hui tenu pour un modéré, un *aristo*, qu'on doit anéantir, hélas! Ce qui surprend, après les enseignements de l'histoire, c'est que la plupart des hommes familiarisés avec les questions politiques et le cœur humain ne reconnaissent leur erreur que lorsque le malheur vient les frapper de son gantelet de fer.

Ainsi les girondins sont tombés poussés par Danton, celui-ci a été vaincu par Robespierre; ce chef des jacobins a été renversé à son tour.

Chose étrange, au moment où les communes de France multipliaient les adresses au grand, au *vertueux* Maximilien, il tombait foudroyé par ses crimes, les hommages de la peur devenaient les anathèmes contre le vaincu.

Que deviendront ces usurpateurs si bas d'esprit, si rampants, si cruels de cœur? Ils doivent s'évanouir dans leur propre impuissance, dans la réprobation publique, à la sommation des Prussiens. Ce ne sont pas des Français, ils n'ont pas de cœur, autrement ils n'eussent pas criminellement appelé sur la France des complications qui peuvent amener ce que nous n'osons dire.

Déjà l'on parle de mesures bien graves prises par nos ennemis, il ne s'agit rien moins que d'un retour offensif, d'une réoccupation. Après les désolations et les désastres dont nous avons été le témoin, nous ne voulons pas envisager cette lugubre perspective. Puisse le sentiment de la responsabilité qu'ils encourent leur faire rendre Paris à la France ! Autrement celle-ci tout entière doit faire justice des terroristes qui menacent son existence et vouent à une ruine certaine tous ses enfants.

# XV

## LES PERSPECTIVES ET L'HYPOCRISIE
### RÉVOLUTIONNAIRE.

Ils se servent de leur langue comme
d'un arc, afin d'en lancer des traits
de mensonge ; ils ont cherché à se
fortifier sur la terre contre la vérité,
parce qu'ils ne font que passer
d'un crime à un autre.           ***

Les actes anarchiques et sanglants dont Paris
est le théâtre, découvrent un lugubre horizon et
une suite d'incalculables malheurs.

Comme en 1848, ce sont les apôtres des droits
de l'homme qui crucifient toutes les libertés, com-
promettent leur république, qui devait être l'âge
d'or, mais n'est que l'ère du sang. Le massacre de
la rue de la Paix, désormais rue du Meurtre, entraîne des conséquences qui appellent les pires
prévisions : d'abord il n'y a plus moyen de cacher
à l'étranger les misères, la pourriture que l'empire a léguées à ses successeurs. La république,
en se constitutionnalisant dans la modération
libérale, pouvait être le médecin : les exaltés en
ont fait le bourreau.

Le coup est porté, la guerre sociale, révolutionnaire a jeté son défi ; elle a versé le sang, pour que la conciliation devînt impossible. On a exterminé les paisibles citoyens qui marchaient dans les rues. Pauvre liberté, toujours invoquée, affermie ; comme elle doit se trouver à l'aise sous la main de ces tigres de l'humanité !

Quand des femmes, des enfants, des citoyens les plus paisibles, des généraux sont frappés, quand tout est en proie au terrorisme devenu loi, il s'agit bien des thèses politiques !

Au moment où un gouvernement composé d'hommes qui donnaient tous les gages aux libertés, s'occupait d'en constituer le meilleur et le plus sûr mécanisme, l'anarchie vient tout mettre à néant; et ce qui rend ce mouvement insurrectionnel plus odieux, c'est le moment où il surgit.

Ce n'est pas contre un oppresseur étranger, contre un tyran domestique que les conspirateurs de Paris ont pris les armes, mais contre le pouvoir sorti du suffrage universel le plus libre qui fût jamais.

Les Assy et toute cette clique infernale ne sauraient être trop flétris, car, à moins qu'ils ne soient au-dessous de la brute, ils ne peuvent pas se faire illusion sur l'abîme où ils plongent la France.

Pour en sonder la profondeur, il leur suffit de lever leur regard sur les forts occupés par les Prussiens, qu'ils n'affronteront pas.

Il est facile à ces lâches de piller ce qui ne leur appartient pas, de tuer ce qui ne peut se défendre. En vérité, celui qui écrit ces lignes peut vous le dire, citoyen Assy. Vous, théoricien de la mort, docteur en assassinat, qui en avez pris les lettres-patentes à l'entrée du conseil sanguinaire qui ne juge pas, vous ne viendriez pas impunément développer votre système sans être souffleté par celui qui a une main ferme à l'unisson du cœur (1).

(1) On sait que le chef du mouvement révolutionnaire de Paris était autrefois le principal instigateur des grèves du Creuzot, la grande usine métallurgique de M. Schneider l'ex-président du Corps législatif; cette circonstance fait supposer avec raison que des menées bonapartistes ne sont pas étrangères aux déplorables événements dont Paris est en ce moment le théâtre. Assy est un jeune homme énergique de 34 à 35 ans qui ne manque pas d'une certaine éloquence populaire et qui possède un grand talent d'organisation ; il se trouvait déjà en rapport, lors du mouvement socialiste du Creuzot avec des agents bonapartistes ou, pour mieux dire, avec des agents de Rouher. Ces relations, dont on ne saurait nier l'existence, lui permirent aussi bien que sa moralité politique de ne pas être trop scrupuleux dans le choix de ses acolytes. M. Rouher tenait surtout à cette époque à se venger de M. Schneider qu'il considérait avec raison comme l'auteur principal de sa chute ; il sut exploiter avec adresse la rancune que gardaient les Percire au président du Corps législatif de les avoir laissés exposés sans défenses aux terribles révélations de M. Pouyer-Quertier, qui dévoila à la Chambre leurs opérations véreuses. L'ancien ministre noua l'intrigue, les Percire donnèrent l'argent et Assy fut le bras dont ils se servirent tous deux pour exécuter leurs projets de vengeance. M. Ganesco le propriétaire à cette époque du *Parlement*, joua également un rôle dans la cabale, car sa feuille prit tout à coup une teinte socialiste et fut distribuée gratis par milliers d'exemplaires aux ouvriers du Creuzot à l'effet d'augmenter l'agitation et de présenter Assy comme un antagoniste de M. Schneider. On peut être certain que l'arrestation récente de M. Rouher à Boulogne se relie étroitement aux anciennes relations qu'il a cues avec Assy.

# XVI

## L'ALTERNATIVE.

ÊTRE OU NE PAS ÊTRE.

Ainsi la question pour la France en ce moment se pose moins entre les principes constitutionnels et les formes plus ou moins parfaites du gouvernement qu'entre la question de vie et de mort.

Légitimité, monarchie constitutionnelle, république, empire maudit et cause de tout le mal, qu'est-ce que cela mis en regard de l'existence de la France?

Le temps est venu de porter tous les efforts vers cet unique but, car jamais semblable situation dans l'histoire n'a. eu plus d'éloquence pour inspirer le courage et le dévouement.

## LA PRUSSE, EN ROUTE POUR SA FRONTIÈRE, REVIENT SUR SES PAS.

M. J. Favre communique à l'Assemblée la dépêche suivante de la chancellerie allemande :

« J'ai l'honneur de vous informer qu'en présence des événements qui viennent de se passer à Paris et qui n'assurent presque plus l'exécution de la convention dans la suite, le commandant supérieur de l'armée devant Paris interdit l'approche de nos lignes devant les forts occupés par nous. et réclame le rétablissement dans les 24 heures des télégraphes détruits à Pantin. Il traitera en ennemi la ville de Paris, si Paris use encore de procédés en contradiction avec les préliminaires de paix. Ce qui entraînerait l'ouverture du feu des forts occupés par nous. »

M. J. Favre a répondu que le mouvement insurrectionnel, qui triomphe à Paris seulement par surprise, est l'œuvre de quelques factieux. Le gouvernement réprimera ce mouvement. S'il ne le fait pas à l'instant même, c'est qu'il veut éviter l'effusion du sang. Relativement à la rupture des fils télégraphiques de Pantin, le gouvernement n'a pas les moyens de les réparer immédiatement, mais il en a avisé les maires, qui feront, le gouvernement l'espère, ce qui est possible.

Est-ce que le cabinet de Montmartre et ses adhérents veulent que les faits suivent l'avertissement? M. de Bismark ne passe pas précisément pour être un défaillant à ses programmes.

On sait qu'il a la résolution ferme et la main rude.

Qu'adviendra-t-il?

L'amiral Saisset (1), bras héroïque du gouvernement de Versailles, fera-t-il revivre la vieille discipline et la foi qui, comme les Prussiens l'ont prouvé, peut seule donner la victoire?

Dieu le veuille! Puisse le brave militaire servir la pensée et les directions de l'homme d'État qui n'avait pas moins la conscience du péril présent qu'il n'avait eu la prescience de tout ce qu'amenait avec elle l'invasion.

Inutile Cassandre, comme nous-mêmes, hélas! La France est à sa onzième heure; encore une

---

(1) L'amiral Saisset est parti de Paris à pied. Pour ne pas être reconnu, il avait mis des lunettes et tenait à la main un numéro du *Rappel*. Peu de temps après avoir passé la porte, l'amiral monta dans une voiture qui l'attendait et arriva à Versailles sans encombre. (*Soir*.)

fois, le salut viendra-t-il du ciel ou de la terre?

Sous le poids de tant de misères, le souvenir des paroles de M. de Talleyrand, dans une circonstance mémorable, se représente naturellement à l'esprit. Jamais, en effet, l'orgueil des novateurs, des révolutionnaires, des rêveurs n'a reçu une si humiliante et si terrible leçon ; ils ont aboli les vieilles lois de la France : l'hérédité monarchique tombant de l'échafaud avec la tête sanglante de Louis XVI a ouvert le champ aux compétitions de tous les ambitieux. Les luttes violentes, les guerres civiles sont venues, le socialisme, les négations les plus audacieuses ont voulu prendre leur part tour à tour.

Aujourd'hui l'histoire de la France exige de nouvelles dettes de sang ; puissent-elles n'avoir pas à pousser le cri de Kosciusko sur un autre champ funèbre de Macijowice : « *Finis galliæ* » !

# XVII

## UNE SCÈNE D'HORREUR.

Un écrivain, notre ami, qui occupe dans le monde politique européen une place éminente, a laissé échapper ses impressions.

Il se trouvait dans la maison du célèbre banquier Blount, c'est-à-dire à la première loge, d'où il a pu voir l'acte le plus sanglant du drame. — Nous lui en empruntons les détails :

Au moment où la manifestation était incertaine si elle pousserait en avant ou battrait en retraite devant les menaces des Montmartrais, un jeune homme s'élance, il avait le costume militaire d'officier sans épée. Comme les anciens chevaliers, il saisit la bannière de sa main droite, écartant tout obstacle, invitant d'une voix de tonnerre la foule à le suivre. ·

O puissance de l'âme résolue ! l'hésitation disparaît, les hommes d'ordre avancent exposant leur poitrine sans défense aux fusils meurtriers en criant en chœur : « La crosse en l'air ! »

L'appel fut si prompt et si unanime, que quelques-uns des gardes y répondirent. Mais, à un commandement, une décharge se fait à bout portant sur la masse (1).

La bannière chancelle, le képi rouge du brave officier, un moment voilé par la fumée, attire le regard en marquant la lutte corps à corps dans laquelle il était engagé avec ceux qui semblaient se réjouir dans leur œuvre de mort.

Les volées se succèdent sur la foule, qui cherche son salut dans la fuite.

Un vieillard, d'une distinction remarquable, était au premier rang des victimes, et, derrière lui, une douzaine de cadavres et de blessés formaient un horrible tableau.

Un garde national venait de surgir de cette

_______

(1) Nous ne nous croyons pas autorisé à livrer le nom, qui est transparent pour tous ceux qui l'ont connu à Paris.

mare de sang, il marchait lentement, semblant chercher un refuge ; mais une nouvelle fusillade frustre ses efforts et met fin à ses souffrances. On voyait des hommes, les yeux hagards, tombant sous la terreur des balles sifflant autour d'eux, criblant les murailles et les devantures des magasins.

Il serait trop long de décrire tous les incidents de cette fuite. Là, c'était un chien et son maître mourant à côté l'un de l'autre ; les minutes semblaient des heures : c'était une effroyable oppression et un soulèvement de l'âme indignée devant tant de barbarie.

Tout à coup une balle vient glisser sur le panneau à côté du spectateur ; un morceau du verre de la fenêtre où elle avait fait son passage frappe le chapeau de M. Furley.

On se retire un moment ; mais le moyen, en pareille situation, d'étouffer le cœur et les sympathies que, à défaut de pouvoir les secourir, le regard témoigne aux victimes ?

On revient au point d'observation.

Hélas ! c'était pour voir un de ces démons appuyant son fusil sur ses genoux et diriger son coup, ainsi assuré, à l'entrée de la rue Neuve-des-Petits-Champs.

Bientôt une porte de la rue s'ouvre lentement,

et une personne, avec l'intention visible de secourir les blessés, s'avance avec précaution ; une décharge l'oblige à retourner en arrière ; comme aux
tigres, il leur faut toujours plus de sang.

Les rues deviennent désertes, il n'y reste plus
que des corps jonchant le sol.

En rentrant par la rue des Capucines, le narra-
teur rencontre encore des blessés et des mourants ;
c'est d'abord un vieillard, la figure appuyée sur
une muraille dont l'irrégularité l'abritait, qui se tenait immobile, se flattant d'être hors de la vue des
assassins. A ce moment, quelqu'un apparaît agi-
tant un mouchoir blanc ; il approche, sans être
inquiété, à quinze pas d'un garde national, qui le
met en joue et fait feu sur lui. Sans en tenir
compte, ce brave homme continue sa mission d'assistance, il semble avoir un charme et marche le
long de la ligne des gardes nationaux. Une nouvelle décharge part, et il peut, avec celui qui ra-
conte cette scène, s'échapper heureusement par
la rue Saint-Arnaud. Là doivent se retrouver de
nouvelles émotions.

Il y a quatre passants, l'un court à toutes
jambes ; vient un groupe : c'est un blessé qui
boite, soutenu par deux personnes, tout révèle en
lui la noblesse et le courage : « Il n'y a plus qu'à

saisir son fusil, disait-il : c'est la seule ressource qui reste contre ces abominations. "

Qu'on juge sur cet échantillon, qui est pris sur le témoignage d'un des Anglais les plus Français par l'esprit et par ses sympathies que nous ayons connus. Les hordes et les doctrines de Belleville, leur incendie qui allumera d'autres foyers révolutionnaires en France et menace l'Europe, peut ramener Attila ; soit qu'il se présente au nom de ses intérêts qu'il voit menacés, ainsi que le montre la lettre du général Fabrice, soit que Guillaume se croie l'élu prédestiné du droit divin, et en cette occasion se déclare le champion de la civilisation et de l'Europe également menacés ; il semblera à beaucoup être la verge de Dieu.

Croient-ils, les coupe-gorge de Belleville et de Montmartre, croient-ils ces féroces sanguinaires imbéciles qui braillent, entraînent un peuple au carnage, pour satisfaire toutes leurs mauvaises passions ; s'imaginent-ils terrasser du même coup la loi de Dieu, les intérêts de la civilisation, l'horreur de l'Europe, le vainqueur dont on dirait qu'ils veulent légitimer les dures conditions. Ce serait justifier d'avance tout ce qu'un retour offensif lui ferait imposer ? Qu'on se souvienne de 1814, de Waterloo. — Alors ce ne fut plus le même pacte. — Encore, sans Talleyrand et les vieux Bourbons, c'en était fait de l'indépendance nationale. Mais qu'importe à ces tigres, aux Assy et consorts? Ah! il est bien à plaindre, car il est descendu bien bas, le peuple qui doit subir la flétrissure du gouvernement de pareils misérables.

Car tout le peuple est dans les gémissements et cherche du pain; voyez, Seigneur, et considérez mon affliction. (*Lamentations de Jérémie.*)

# XVIII

## UNE LUGUBRE FINALE.

### MISERERE.

Il y aurait trop à dire : laissons la parole aux événements qui font à la France le plus noir horizon de son histoire.

C'est que Paris est un enfer, et ses alentours des antres d'où sortent la violence et la rapine.

Un exemple entre mille : au viaduc des Batignolles, l'inquisition de la défiance du comité arrête un train. Les voyageurs sont sommés d'en descendre.

« En arrière, citoyens ! Restez, citoyens ! circulez, citoyens ! en voiture, citoyens ! »

On retient les suspects.

Le convoi est autorisé à partir. L'indignation, comprimée par les fusils et les mines rébarbatives, se donne cours : « Voilà la liberté ! c'est ce qu'ils appellent la liberté ! » Nous avons subi quatre mois de siége pour en arriver là ! « C'est pire que les Prussiens ! »

Les lettres sont saisies au passage.

Les gamins sont devenus les bédouins des rues. Quelles prouesses et quelles licences !

La moitié de Paris est frappée d'une folie furieuse, l'autre anéantie par la crainte, s'écrie-t-on de toutes parts en Europe. Les plus mauvais jours de la terreur n'eurent pas d'aussi sinistres augures. On dirait que tout est miné, usé, quant aux principes, aux croyances, aux ressorts de la société française. Les plus fausses théories, les mensonges les plus indigestes, attirent successivement le peuple.

La *guerre à outrance* a été le symbole des Gambetta et des membres de la commune. A les entendre, « Jules Favre, Trochu, et autres étaient des traîtres. » Mais ces *outranciers* se sont faits tout à coup pacifiques. Leur fureur et leur soif de sang, de pillage, se reportent sur ceux qui combattaient bravement.

Beaucoup de ces faussaires de démocratie, hier serviles, étaient les agents stipendiés du bonapartisme.

Le péril est immense, en raison de la correspondance corrélative qui entraîne d'autres grands centres dans le mouvement.

Pour rendre la résistance et le droit muet, le despotisme militaire se marie à la terreur. Un drapeau emblème du sang signifie la guerre au capital, instrument du travail, à la propriété, base de la liberté.

Le plan consiste à susciter les jalousies, à lancer les ignorances : on se propose d'enrôler le paysan, en lui disant : "que le sol doit appartenir exclusivement à celui qui le cultive."

Doctrine décevante, mais programme de jacquerie! tentation de démon pour qui ne peut en discerner le faux et en repousser l'odieux.

Assy et ses collègues ne sont, au fond, que l'absolutisme du désordre qui fait que la lie, le vice, l'ignorance prennent la place de la vertu, du droit, du savoir. — Pour maintenir leur joug de fer, il faut déposséder et tuer. — C'est la France enveloppée dans une ruine totale. La guillotine est en vue, la machine s'apprête, que l'on y pense, que l'on y prenne garde! Qui ne voit en Europe ce que contient de malheurs pour la civilisation ce socialisme de fous féroces! Suivant les organes de la pensée européenne (1), Assy et son école sont pires que Bismark et le canon Krupp pour la malheureuse France qui, en tombant en de pareilles mains, a pour souveraine :

La mort !

(1) Voici le nouveau programme du socialisme tel qu'il se colporte dans les rues :

« Plus d'impôt, plus d'usure, plus de misère. le travail pour tous, propriété pour tous. Qu'est le producteur? Rien. Que doit-il être? Tout. Qu'est le travailleur? Rien. Que doit-il être? Tout »

Le *Times* apprécie ainsi la déplorable situation de la France, en la comparant au chaos :

« Aucune classe, aucune autorité, aucun intérêt ne savent où ils en sont : tout est confusion ; ce que l'on aperçoit, c'est du côté démagogique, le parti pris de la destruction sociale, tandis que ceux qui défendent la société vacillent dans l'incertitude.

# PIÈCES JUSTIFICATIVES

---

## DISCOURS DE M. THIERS

---

### ASSEMBLÉE NATIONALE

PRÉSIDENCE DE M. GRÉVY

*Suite de la séance du 10 mars.*

M. THIERS. Mes collègues et moi, nous n'ignorions pas qu'en venant vous poser la question de la résidence de l'Assemblée nationale, nous touchions à ce qu'on appelle une question brûlante. Nous aurions évité cette discussion si pour cela il n'avait fallu braver que des difficultés même très-graves.

Eh! mon Dieu! nous ne comptons plus aujourd'hui avec les difficultés. Mais nous étions en présence d'une impossibilité de gouverner, d'administrer avec deux centres de gouvernement séparés et éloignés, l'un siégeant à Paris, l'autre à Bordeaux. En temps ordinaire, ce serait déjà une impossibilité évidente; mais elle est encore plus absolue, plus manifeste à l'époque où nous vivons, la plus extraordinaire sans contredit que notre pays et qu'aucun pays au monde ait jamais traversée.

Oui, la question que nous vous posons est des plus graves et des plus difficiles : mais une vie déjà longue m'a appris que plus les situations sont délicates et plus les questions sont périlleuses, plus le moyen efficace de s'en tirer, c'est la vérité, c'est la franchise et la sincérité la plus complète. (Vive approbation.)

Eh bien, messieurs, j'espère résoudre les difficultés de cette discussion, grâce à une entière sincérité, et vous allez juger si je tiens la promesse que je vous fais.

Pour vous faire sentir la nécessité impérieuse qui nous a portés à soulever cette discussion, je suis obligé de vous retracer en peu de mots ce que nous avons fait depuis quelques semaines, et de vous montrer le moment précis où l'action du gouvernement s'est forcément ralentie.

Dès les premiers jours, vous avez pu voir si nous avons perdu le temps du pays et le vôtre, et le temps est aujourd'hui une de nos principales richesses. (C'est vrai.) Vous vous êtes réunis le 12 ou plutôt le 13 février, et nos travaux commençaient avec les vôtres : car c'est avec vous que nous avons travaillé, que nous avons tout fait, et que nous continuerons à tout faire. Vous avez hâté les vérifications des pouvoirs : en trois jours, vous étiez constitués !

Le 17 février, vous nous avez fait l'honneur de nous charger du pouvoir exécutif, mes collègues et moi ; honneur accablant dont nous sommes tout à la fois reconnaissants et effrayés quand, tous les jours, nous voyons les difficultés qui se présentent à nous. Le 17 février, vous nous avez imposé cette grande tâche ; le 19, le cabinet se présentait devant vous ; il n'avait mis que deux jours à se constituer ; le 19 au soir, je partais pour Paris ; le 20 j'y étais arrivé ; le 21 j'étais en présence du chancelier de la Confédération du Nord.

Ma pensée, je ne la dissimulerai pas, ma pensée, c'était la

paix. Et que pouvions-nous faire? Paris, on l'a très-bien dit, Paris, non pas pris, mais affamé. Paris avait dû ouvrir ses portes. Nos armées,, malgré le dévouement des soldats, malgré le mérite des généraux, étaient dispersées ; l'armée du Nord était dans les places, l'armée de la Loire avait été obligée de se replier sur Laval ; l'armée de l'Est avait été contrainte de se réfugier en Suisse.

Quelle force avions-nous pour traiter de la paix? Messieurs, je ne voudrais pas vous rappeler le souvenir de tant de douleurs ; mais à Versailles nous nous sommes défendus, je puis le dire, avec notre indignation, avec notre désespoir, et nous avons réussi quelquefois à les faire respecter ; car de la force, par suite de nos malheurs inouïs, nous n'en avions aucune. (Mouvement.)

Nous avons signé les préliminaires de paix en cinq jours ; nous vous les avons apportés, vous avez eu la profonde sagesse de comprendre que discuter longuement la paix n'était qu'augmenter nos souffrances sans nous donner aucune force réelle, et que c'était peut-être nous faire perdre quelque chose de notre dignité. Grâce à la promptitude de votre résolution, nous avons fait cesser l'occupation de Paris, qui aurait pu durer encore quelques semaines, nous l'avons fait cesser en quarante-huit heures.

Je ne crains pas de l'affirmer, il n'y a pas eu un seul moment de perdu dans ces dix premiers jours. Mais depuis lors, je l'avoue, l'action s'est ralentie sensiblement ; et tout ce que nous devions faire, je ne dirai pas avec précipitation, mais avec la célérité que nous imposent les circonstances, nous n'avons pas pu le faire aussi vite que nous l'aurions voulu. Je vais vous signaler les motifs, et ces motifs vous montreront si c'est légèrement que nous sommes venus vous proposer de transporter le siége du gouvernement, sinon à Paris même, du moins très-près de Paris.

Quelle est la mission que vous nous avez donnée? Ce n'était pas de constituer la France ; nous en aurions le pouvoir, mais vous avez la sagesse de ne point le vouloir; vous nous avez donné la mission de réorganiser le pays. Après lui avoir rendu la paix, il fallait obtenir l'évacuation, la négocier chaque jour, la surveiller, car ce n'est pas tout d'écrire dans un traité : « L'évacuation aura lieu tel jour. » Il faut la suivre pas à pas et la surveiller dans tous ses détails. D'ailleurs, cette difficulté n'est pas particulière à notre époque ; après les grandes guerres, toutes les évacuations n'ont pu être obtenues qu'à la suite de négociations presque quotidiennes.

Après avoir obtenu l'évacuation, qui est à peine commencée et qui se continue sans interruption, il fallait assurer tous les services administratifs et financiers. Pour assurer tous les services, il fallait s'adresser presque tous les jours au grand établissement de la Banque de France, qui a rendu au pays d'immenses services et qui continue de lui en rendre tous les jours.

Il fallait ensuite assurer l'ordre. Vous ne l'ignorez pas, il y a des hommes qui ne craindraient point, s'ils n'étaient contenus, de faire succéder la guerre civile à la guerre étrangère ; ils sont peu nombreux, je le sais, et je ne veux pas les confondre avec les hommes honorables et sincères qui font de la République leur idéal de gouvernement.

Mais, enfin, ces hommes existent et agissent : personne ne peut le nier. Il fallait donc assurer l'ordre et, je n'hésite pas à le dire, nous qui ne voulons pas légèrement précipiter la France dans la guerre civile, c'est en réunissant des forces imposantes que nous avons voulu décourager ces hommes coupables, avant d'en être réduits à les vaincre. (Très-bien ! très-bien !)

Pour réunir ces forces, il a fallu les prendre dans toute la France, les transporter à Paris par des routes ruinées, où elles se rencontraient avec des troupes prussiennes qui se retiraient. Nous sommes parvenus à faire opérer tous ces mouvements militaires.

Mais, l'ordre assuré, il fallait refaire notre administration tout entière. Vous savez tous que le personnel administratif est en partie mal choisi, en partie démissionnaire, en partie hostile. (Très-bien! très-bien!) Puis, vous savez aussi que tous les corps électifs ont été abolis, il faut les recomposer. (Très-bien! très-bien!)

Il faut en outre pourvoir, le mieux et le plus tôt possible, à une foule de grandes charges de magistratures actuellement vacantes. Il faut ramener nos prisonniers, les rendre à la France; avec eux et en choisissant parmi eux, refaire une armée, qui est aujourd'hui le premier de nos besoins, soit pour la politique, et je ne parle que d'une politique de paix, soit pour le maintien de l'ordre dans tout le pays.

Il faut rendre à nos provinces les mobiles, les mobilisés; il faut rendre à l'agriculture des bras indispensables, surtout en ce moment. Il faut faire renaître la vie partout, et, en faisant renaître la vie, faire renaître le calme, obtenir l'apaisement des passions, si nous le pouvons, puis, enfin, nous occuper de l'Europe agitée par le grand et terrible spectacle auquel elle vient d'assister, et par le drame auquel — je ne voudrais lui adresser aucun reproche — elle n'a apporté qu'une main trop réservée. (Très-bien! — Applaudissements.)

Quelques parties de cette œuvre si vaste, grâce au zèle que nous y mettons, permettez-moi de le dire, s'accomplissent avec une certaine rapidité; mais les plus importantes ne s'accomplissent qu'avec lenteur, et le motif, le voici:

On ne peut pas faire tout cela, on ne peut pas veiller sur l'évacuation, rétablir tous les services financiers, recomposer toute une administration, ce qui suppose une multitude de choix mûrement examinés, discutés entre tous les collègues qui y participent; on ne peut pas ramener les prisonniers, réorganiser une armée, renvoyer tous ces mobiles si nécessaires à toutes les industries; on ne peut pas faire tout cela par une correspondance établie entre deux parties du gouvernement, l'une résidant à Paris, l'autre résidant ici. (C'est vrai ! c'est vrai !)

Lorsqu'il s'agit de faire toutes ces choses, il faut se consulter, il faut s'entendre; il faut discuter les choix qu'on fait; et quand, tous les jours, à chaque instant, il faut écrire sur toutes espèces de sujets, sur le choix d'un individu, c'est presque impossible.

On nous a dit : Vous avez le télégraphe !

C'est vrai, nous avons le télégraphe; mais quand nous l'employons, nous avons pour confident le chancelier de la Confédération du Nord (sourires), car le télégraphe dont nous nous servons, et celui dont il se sert, c'est le même.

Nous ne pouvions pas surmonter cette impossibilité de deux centres de gouvernement. On nous a dit :

« Pourquoi ne pas réunir les deux parties du gouvernement en un seul lieu ?

» Pourquoi ne laisseriez-vous pas à Paris un général et un préfet, et ne rassembleriez-vous pas à Bordeaux tous les membres du gouvernement? »

Un préfet ! un général à Paris ! Quelque peu d'importance qu'on attache au gouvernement de Paris dans ce moment, il y a absolue nécessité qu'une partie des membres du cabinet soient présents dans la capitale.

Je prends un exemple. Je l'ai dit, il faut suivre l'évacuation pas à pas, et chaque jour le ministre des affaires étrangères a été obligé d'aller à Versailles pour s'expliquer avec le chancelier de la Confédération du Nord sur un point ou sur un autre. Tantôt c'était l'évacuation des forts, tantôt ce sont des corps français et des corps prussiens qui se rencontrent, les corps français allant à Paris et les corps prussiens les croisant pour rentrer en Allemagne.

Si je pouvais vous initier à tous les détails de ces négociations, vous verriez qu'il était impossible, absolument impossible, que M. le ministre des affaires étrangères ne fût pas à

Paris même, c'est-à-dire à une demi-heure de Versailles, où le chancelier du Nord avait sa résidence.

Tous les jours on se plaint auprès de nous des incidents dont l'évacuation est accompagnée, et l'on a raison de se plaindre; on fait bien de nous signaler ces incidents, quelque douloureux qu'ils soient. Ceux qui s'adressent au ministre des affaires étrangères obtiennent, en très-peu d'heures, une réponse et souvent une satisfaction du gouvernement prussien.

Or, je vous le demande, la nécessité pour le ministre des affaires étrangères d'être à Paris n'est-elle pas absolue ?

Voilà déjà un ministre qui ne peut à aucun prix être à Bordeaux. En voici maintenant un autre. Nous sommes obligés, comme je le disais tout à l'heure, de rétablir les services financiers. A cet égard, je dois rendre justice aux contribuables français : l'impôt est perçu si vite et si exactement, dans les pays non occupés, que nous pouvons à peine nous apercevoir d'un ralentissement dans la recette.

Mais, vous ne l'ignorez pas, les produits de l'impôt ne sont pas égaux aux charges qui pèsent actuellement sur nous. Il nous faut recourir à d'autres moyens, et tout d'abord il faut nous entendre avec la Banque de France.

Lorsque j'étais à Paris, tout préoccupé des négociations de Versailles, je devais, tous les matins, voir le gouverneur de ce grand établissement, car il faut bien que nous l'avertissions tous les jours de nos besoins, qui à chaque instant se renouvellent, en lui disant que c'est sur tel point ou tel autre que ces besoins se produisent.

Il y a nécessité de nous entendre tous les jours avec les directeurs; car, vous le savez, la Banque et c'est la force de son crédit, la Banque, est une institution parfaitement indépendante du gouvernement. Son conseil est composé des propriétaires de son vaste capital qui usent de leurs droits de propriétaires, et quand le gouvernement s'adresse à elle, et qu'elle a le plus grand désir de répondre à ses appels, les propriétaires discutent et délibèrent dans leur complète liberté et dans leur indépendance.

Ainsi nous devons être en communication continuelle avec le gouverneur de la Banque de France, et je vais vous en donner une nouvelle preuve.

J'ai invité M. le ministre des finances à m'accompagner à Bordeaux. Pourquoi ?

On a beaucoup dépensé à Paris pendant le siége ; mais ce qu'il y a de remarquable dans ce siége mémorable, c'est que Paris a ignoré complétement ce qui se passait en province. Quand nous avons dit à nos fonctionnaires financiers quelles dépenses avaient été faites à Tours, à Bordeaux, ils en ont été surpris, effrayés.

*Un membre.* Il y avait de quoi !

M. LE CHEF DU POUVOIR EXÉCUTIF. Je ne veux blâmer personne ; je ne suis pas de ceux qui incriminent si sévèrement le passé. Non ; je suis étranger aux hommes qui ont gouverné dans cet espace de temps. Mais Dieu me garde de les accuser ! Je sais trop bien combien il est facile d'accuser ceux qui ont agi. (C'est vrai ! c'est vrai !)

Cependant, il y a des fautes énormes commises.

M. le ministre des finances avait besoin d'établir un bilan. Il est venu ici : il y a travaillé. Ce bilan était indispensable pour servir de fondement aux propositions que nous aurons à vous faire. Mais, sur-le-champ, on a appelé M. le ministre à Paris, parce qu'il était nécessaire qu'il fût non-seulement auprès du gouverneur de la Banque, mais en relations directes avec tous les chefs de la finance ; car il faut nous adresser à tous les grands capitalistes de l'Europe. Et, à cet égard, je dois dire que le crédit de la France, au milieu de ses malheurs, est resté si solide que toute l'Europe lui offre les ressources financières dont elle peut avoir besoin. (Vifs applaudissements.)

Mais croyez-vous, messieurs, qu'en voulant déplacer une capitale, on peut déplacer du même coup les grandes créations du temps? Est-ce que vous croyez qu'en essayant de déplacer une capitale, on peut déplacer aussi la Banque et le grand marché des capitaux? Croyez-vous qu'il serait possible de transporter le marché dans cette belle ville de qui nous avons reçu une si gracieuse et si obligeante hospitalité? (Marques d'assentiment )

Non ! elle a son commerce, qui est une des richesses de la France ; mais elle n'est pas le grand marché des capitaux. Il a donc fallu que M. le ministre des finances quittât même le travail qu'il avait commencé, qu'il a dû laisser inachevé, pour se transporter dans le grand marché des capitaux auquel nous avons maintenant à nous adresser.

Vous le voyez, voilà déjà deux ministres, celui des affaires étrangères et celui des finances, qui sont forcément à Paris.

Maintenant, je vais citer le troisième : le ministre de l'intérieur.

Messieurs, oui, c'est vrai, des menaces ont été faites à l'ordre public, il ne faut pas se les dissimuler, de même qu'il ne faut pas non plus se les exagérer.

Je dois donc le dire, le jour où les Prussiens ont commis la faute — que peut-être ils regrettent aujourd'hui (mouvement) — d'entrer dans Paris, qu'ils ont été obligés d'évacuer en quarante-huit heures, car ils ont été fidèles à l'engagement qu'ils ont pris avec nous, le jour où les Prussiens sont entrés dans Paris, une grande émotion s'est emparée de la population parisienne ; c'était une émotion très-grande et très-concevable.

Le général si ferme, si sage, qui commande à la force publique dans la capitale, a cru prudent, — et, pour ma part, je l'approuve d'avoir agi comme il a fait, — a cru prudent de déplacer une assez grande quantité d'artillerie, qui était déposée près des lieux où les Prussiens avaient consenti à s'enfermer.

Une portion de la population de Paris a voulu aider au transport de cette artillerie, et, dans ce mouvement un peu tumultueux, un certain nombre de pièces ont été portées dans des lieux élevés où la population croyait les mettre en sûreté contre les intentions qu'elle prêtait à l'armée prussienne et que, je dois le dire, l'armée prussienne n'avait pas conçues. (Mouvement en sens divers.)

Le mouvement de la population parisienne dans sa première impulsion n'avait rien de coupable; cependant, il a été exploité par des hommes malintentionnés, de vrais coupables; ils s'en sont servis comme d'un moyen pour égarer la population de la capitale. Mais tous les jours cette population s'éclaire, tous les jours elle voit qu'on avait abusé de son patriotisme. Nous avons l'espérance fondée de l'éclairer entièrement, de la ramener et de pouvoir éviter, je dis le mot, la guerre civile. (Mouvement.)

Mes collègues et moi, messieurs, sur tous les points de la tâche qui nous est confiée, et qui est la réorganisation du pays, nous pensons de même. Si l'ordre est sérieusement et définitivement troublé, comptez sur notre dévouement pour le rétablir avec la dernière énergie. (Vive approbation sur un grand nombre de bancs.)

Nous ne parlementons pas avec l'émeute — cela n'a jamais été l'habitude de ma vie; mais nous ne sommes pas si pressés de jeter le pays dans la guerre civile avec toutes ses horreurs, et si nous pouvons éviter l'effusion du sang par l'attitude de l'armée, par sa force imposante, par le calme du gouvernement, nous serons trop heureux de venir vous dire que cette extrémité, qui un moment a effrayé la France, il a été possible de la conjurer! (Très-bien! très-bien!)

S'il faut maintenir l'ordre, nous le maintiendrons, quelle que soit la condition. Tant que nous aurons le pouvoir dans nos mains, soyez sûrs que les lois seront respectées; mais si nous pouvons éviter de répandre le sang, nous nous ferons honneur d'avoir résolu la difficulté de cette manière pacifique, et vous nous approuverez tous, j'en ai la confiance. (Oui! oui! — Applaudissements prolongés.)

Eh bien! messieurs, cette question si grave, qui exige à la fois l'énergie froide et le calme dans le général qui commande, et beaucoup de tact politique dans les hommes qui sont placés à côté de lui, je vous demande si nous pouvions la confier, comme on nous le propose, à un préfet et à un général. (Non! non! — Sourires.)

Un préfet!... Il y aurait un préfet suffisant pour veiller à lui seul à la solution de cette grave question! Un préfet possédant ce mélange de prudence et de fermeté!... Si vous l'avez, messieurs, donnez-nous-le. (Rires sur un grand nombre de bancs.) Ah! vous causeriez à tous mes collègues, et à moi en particulier, un véritable soulagement, car nous pourrions venir vous dire : Messieurs, voilà le chef du gouvernement, c'est à lui qu'il faut vous adresser. (Nouveaux rires d'assentiment.)

C'est là ce qui nous a porté, messieurs, à penser que c'était nous tous ensemble, sans exception, nous tous, mais pouvant nous entendre à tout moment autrement que par correspondance, qui devions résoudre une question de cet ordre. (Approbation.)

Il ne s'est pas écoulé un seul jour de la semaine passée qu'on ne m'ait demandé de me rendre à Paris; il n'y a pas un jour où je n'aie été plein de douleur de ne pouvoir m'y rendre personnellement ; car mon devoir, celui que vous m'avez imposé, c'est d'être là, toujours là.

*Quelques membres à gauche.* Et nous aussi !

M. LE CHEF DU POUVOIR EXÉCUTIF. Et vous aussi, sans doute. Nous ne nous séparerons de vous en quoi que ce soit; nous n'avons pas d'autre force que la vôtre, que celle que vous nous donnez. Quand vous nous en retirerez la moindre parcelle, nous ne serons plus rien et nous vous le dirons. (Très-bien! très-bien!)

Messieurs, je vous le demande, est-ce qu'il nous était possible d'abandonner Paris, d'en rappeler le ministre des affaires étrangères, le ministre des finances, le ministre de l'intérieur, non !

Nous avons même fait plus ; le ministre.de la marine pouvait presque indifféremment siéger à Paris ou siéger ici. La nature de ses travaux ne lui imposait pas l'une de ces résidences plutôt que l'autre ; nous l'avons pourtant prié de s'y rendre, parce qu'il y est populaire, parce qu'il y est illustre, non-seulement par beaucoup de sens, mais par un courage calme qui a frappé d'admiration tous les habitants de Paris et qu'il s'y est acquis une popularité dont nous sommes heureux de pouvoir nous servir. ( Très-bien ! très-bien !)

Ainsi quatre ministres sont à Paris. Maintenant, pouvons-nous nous y transporter tous en laissant l'Assemblée ici ? Je vous le demande, messieurs, si je m'étais séparé de vous un seul jour, n'auriez-vous pas cru que j'abandonnais en ce moment un de mes principaux devoirs ? (Très-bien ! très-bien !)

L'un de mes principaux devoirs, c'est d'être toujours auprès de vous pour m'inspirer de votre pensée, non pas pour vous inspirer de la nôtre, nous n'avons pas cette prétention ; d'être auprès de vous pour vous avertir, pour vous faire connaître les nécessités, pour vous mettre les faits sous les yeux, afin que nous, inspirés par vous, vous avertis par nous, nous puissions de concert marcher dans la même voie, vers le même but. Cette voie, ce but, vous les connaissez, messieurs, c'est le salut du pays, si nous pouvons avoir l'honneur et le bonheur de l'obtenir par nos efforts réunis. (Très-bien ! très-bien !)— (Applaudissements.)

Non, messieurs, il n'y a pas de danger pour vous. Où que vous alliez, il n'y en a pas ; s'il y en avait, je devrais être en avant de vous ; je devrais m'exposer le premier à ce danger. Je ne puis me séparer de vous, messieurs, je ne puis me séparer de votre influence un seul instant.

Je n'ai pas cru que cette grande et difficile tâche qui m'oblige à être auprès de vous pouvait être remplie par moi tout seul : j'ai demandé à quelques-uns de mes collègues de rester avec moi ; c'est ainsi que, par une nécessité absolue, une partie du gouvernement a dû résider à Paris et que l'autre est ici.

Et je trahirais votre confiance si je vous disais que nous pouvons continuer à gouverner de deux centres aussi distants l'un de l'autre.

Il a fallu que nous vinssions vous prier de vouloir, comme nous, vous rapprocher de Paris.

Maintenant je savais bien qu'en prononçant ce mot de Paris, ce mot grand et glorieux, et, à certains jours, terrible, ce mot qui retentit non-seulement dans toute la France, mais dans le monde entier, je savais qu'en prononçant ce mot nous allions voir éclater des dissentiments, alors cependant qu'il n'y a ici aucun parti qui méconnaisse la grandeur de Paris, qui méconnaisse le merveilleux service que Paris vient de rendre il y a peu de jours à la France.

J'ai parcouru l'Europe ; j'ai vu beaucoup de puissances étrangères qui nous portaient un vif intérêt ; j'ai vu chez elles une sorte d'inquiétude ; car si l'on n'osait pas nous secourir, on désirait néanmoins nos succès. L'Europe savait bien que, vaincus, nous lui manquerions et chaque jour elle déplorait amèrement, non pas l'abaissement de la France, — la France n'est pas abaissée, elle est toujours grande, — mais on déplorait ses malheurs. (Très-bien! très-bien !)

J'ai vu que la résistance de Paris, qui pour moi n'était pas imprévue, — j'avais cru à cette résistance, — j'avais vu que cette résistance imprévue relevait le cœur de tous nos amis en Europe, qu'elle rehaussait l'opinion qu'on se faisait de la France ; j'ai vu à quel point cette résistance nous grandissait. Et, pour ma part, messieurs, je vous le dis franchement, je ne pourrais pas, sans horreur de moi-même, être ingrat pour cette vaillante population, qui a relevé la France aux yeux du monde entier. (Applaudissements.)

Je le sais, il n'est pas vrai que Paris ait été toujours l'auteur de la guerre civile en France ; il est plus vrai de dire qu'il en a été plus souvent le théâtre que l'auteur véritable. (C'est vrai ! Très-bien ! sur plusieurs bancs.)

Mais il est vrai aussi de dire que ce grand Paris a fait des fautes. Il faut dire la vérité à tous les grands de la terre : peuples, nations et rois, quand on vit sous des rois. Oui, sans doute, Paris a commis des fautes. Il a fait de grandes et nobles choses dans le passé ; il a fait de nobles choses toutes récentes, mais il n'a pas su éviter de faire des fautes, je le reconnais, moi qui lui dois de m'avoir arraché à ma retraite, — ce que je regrette souvent — et de m'avoir mis en présence de ce gouvernement que je combattais, sans haine pour les personnes, mais avec le sentiment profond qu'il perdrait mon pays. Ce Paris, qui m'a mis en présence du gouvernement impérial dans le moment où j'étais oublié, et point malheureux de l'être, ce Paris, je lui dois beaucoup, et j'userai de cette reconnaissance pour pouvoir lui dire la vérité librement.

Paris a fait des fautes, et il les paye, il les paye d'un prix bien cher, messieurs, il les paye de votre méfiance. (Sensation marquée.)

Moi aussi, je la comprends ; mais faut-il nous laisser égarer par des préventions injustes, invincibles ? Non. Je ne vous propose pas aujourd'hui de rentrer tout de suite dans Paris, comme beaucoup de mes amis le pensent, comme beaucoup d'hommes sincères et honorables le pensent dans les opinions les plus contraires ; non.

A mon avis, il faut que le calme soit complétement rétabli dans Paris pour que la question puisse être résolue dans les conditions où elle doit l'être. Nous ne vous proposons pas de rentrer dans Paris ; nous vous proposons de vous en rapprocher assez pour que le gouvernement soit possible et que le temps qu'il faudra prendre à se porter du point où vous résiderez au point où siégera le gouvernement, c'est-à-dire à

.Paris, soit si peu considérable que les affaires n'en souffrent pas.

C'est là le motif du choix que nous vous proposons, celui de Versailles, sur lequel nous insistons. (Marques nombreuses d'assentiment.)

# COMPLÉMENT

De nouvelles révélations nous permettent d'ajouter d'autres détails sur l'*organisation politique* de Paris.

L'Empire, qui voulait tout absorber et préparer la confusion sociale par le monopole impérial, s'était emparé des sociétés de Secours mutuels par la nomination des présidents. Il apportait, sans s'en douter, au socialisme son plus puissant élément.

Napoléon attirait dans l'Eglise suspecte du socialisme impérial beaucoup des anciens combattants de juin et autres exaltés; néanmoins, les purs de l'orthodoxie révolutionnaire se tinrent en dehors; ce furent eux qui formèrent le projet de miner la conception napoléonniene.

Nous ne saurions mieux faire que d'emprunter au *Peuple belge* son récit et ses réflexions à cet égard :

« En 1869, une occasion s'était offerte aux travailleurs républicains de jeter les premières bases d'une organisation politique, destinée à ruiner le despotisme impérial et à émanciper les travailleurs de toute domination des classes capitalistes et financières. C'était à l'occasion de l'Exposition universelle de Londres que les délégués des travailleurs de Paris se liguèrent avec ceux de l'Angleterre pour former l'*Association internationale des Travailleurs*, qui a tant fait parler d'elle dans les dernières années. Le gouvernement impérial s'aperçut du danger qui le menaçait; une guerre sourde, qui devint bientôt ouverte, commença alors entre les travailleurs républicains, qui organisèrent les *chambres syndicales*, et les sociétés mutuelles impérialistes.

Les premiers, hommes intègres et assidus à l'étude des questions économiques, gagnaient de plus en plus d'influence sur les membres des sociétés impérialistes. Ils commencèrent, il y a quatre ou cinq ans, d'organiser la *fédération des chambres syndicales*. Les premiers corps de métiers qui s'organisèrent de la sorte étaient les mécaniciens et bronziers. En 1869, *quarante* corps de métiers avaient déjà adhéré à la fédération, qui n'était point, comme votre correspondant semble le croire, une ligue secrète, mais légale, publique et très-bien connue du gouvernement, qui la redoutait, mais ne pouvait agir ouvertement contre elle, sans s'aliéner ce qui lui restait encore de sociétés mutuelles. Lorsqu'il commençait, en effet, à poursuivre la Société internationale des Travailleurs, dans le but non avoué de tuer la *fédération des chambres syndicales*, dont beaucoup de membres étaient en même temps membres de l'*Internationale*, comme cela résulte surtout du deuxième procès fait à l'*Internationale*, les adhésions à la *fédération* et à l'*Internationale* affluèrent par milliers et dizaines de milliers.

Dès lors l'empire n'avait plus de sol sous ses pieds à Paris et dans d'autres grandes villes où les travailleurs s'étaient organisés également en chambres syndicales et en fédérations de ces chambres. Pour s'instruire sur cette organisation nullement secrète, on n'a qu'à lire les *Procès de l'Internationale*. Il faut ajouter que les membres de l'*Internationale* sont tous, ou presque tous, opposés au socialisme autoritaire, n'importe sous quel régime, monarchique ou républicain, et qu'ils combattent tout ce qui touche à la liberté individuelle et sociale. Ce sont des républicains vrais et sincères, et tout ce qu'on leur a reproché en ces jours néfastes de guerre étrangère et de guerre civile, toutes les accusations de communisme, de pillage et de meurtre (ce dernier étant malheureusement inévitable quand les masses sont déchaînées), est de la calomnie pure et simple. Ce ne sont pas eux, ce sont les ennemis de la République qui ont amené la guerre civile. Les travailleurs de Paris ne demandaient rien que de garder leurs armes et de nommer leurs chefs militaires et civils par le suffrage universel. Pourquoi les a-t-on attaqués nuitamment et traîtreusement? Et pourquoi, devons-nous ajouter, les députés de Paris nommés par eux, pourquoi surtout des hommes comme Louis Blanc, Tolain et autres qui appartiennent depuis des années au parti républicain socialiste dont nous parlons, ne sont-ils pas intervenus plus énergiquement pour défendre leurs mandataires contre les attaques des ruraux et des monarchistes? »

C'était en 1869; en moins de deux ans, ces quelques hommes ont établi des ramifications dans toute l'Europe, ils l'enlacent, ils ont des armées. Le socialisme devient une puissance qui enivre la population ouvrière, raille la vieille société, fait trembler les couronnes, ainsi que les deux aristocraties anglaises, territoriale et commerciale. Guillaume comme Charlemagne, en parlant des Normands, peut dire aussi : « Je ne les redoute pas pour moi, mais je tremble pour mes successeurs. »

# L'AVÉNEMENT DU PROLÉTARIAT.

## ORGANISATION RÉVOLUTIONNAIRE DE PARIS.

Le parti de la commune, locution nouvelle qui est le ralliement du radicalisme, a devant lui un avenir qui l'exalte. Il est triste d'avoir à constater que c'est de l'agonie de la France qu'il se croit en droit d'attendre et d'exiger le plus.

Ainsi, voilà des hommes qui ont exagéré les applications de la liberté, jusqu'à ne laisser aucune base au pouvoir monarchique héréditaire. Aujourd'hui, jetant le masque, foulant aux pieds leurs belles théories, ils tiennent pour ignare, de nulle valeur la décision de tous : il n'y a pour eux, que le

*Sic volo, sic jubeo.*

En d'autres termes, leur unique initiative, leur exclusive décision.

Dans l'antagonisme qui creuse un abîme entre M. Thiers

représentant du droit, et Assy, qui est la révolution brutale incarnée, parvînt-on à faire une paix plâtrée, hélas! ce ne peut être qu'une trêve. On n'a pas trouvé moyen jusqu'à présent de marier l'eau et le feu.

Quoi qu'il en soit d'un résultat pacifique après tant d'outrages, la société qui campe à Montmartre, baptisée par le sang bourgeois, ayant un état civil reconnu et légalisé par la représentation, enhardie par des concessions plus forcées que volontaires, ne s'arrêtera pas en si beau chemin.

La première parallèle qui entourait l'édifice social aura été prise d'assaut, les autres suivront. L'organisation de cette société offre un ensemble d'unité : sa politique d'envahissement, tour à tour prudente et audacieuse, assure à la révolution de redoutables armées qui ne feront que s'accroître.

Au surplus, nous croyons que nos lecteurs liront avec un véritable intérêt les détails qui suivent, donnés par un journal démocratique de Bruxelles. Ils appellent de sérieuses méditations :

Ces renseignements sont surtout curieux parce qu'ils mettent en lumière la force secrète qui a porté au pouvoir des hommes dont les noms étaient complètement inconnus jusqu'ici.

Nous nous empressons de mettre cette pièce sous les yeux de nos lecteurs.

« On se trompe généralement sur la portée de la révolution qui commence à Paris ; l'un ne voit que l'émeute dans ce soulèvement général et régulier d'une grande ville, l'autre croit deviner une réaction bonapartiste et stipendiée sous le masque des commissaires républicains : erreur profonde !

Connaît-on le caractère des hommes qui dirigent le mouvement?... Sait-on s'ils n'ont pas un mandat, si ce mandat lui-même est régulier, et quelle doit en être la teneur?...

Nul à l'étranger n'est renseigné sur ces diverses questions, et cependant les hypothèses, bien mieux, les théories les plus explicites et les plus fausses sont accréditées auprès du public.

Les hommes qui dirigent la soi-disant émeute de Paris sont les mandataires de plusieurs sociétés qui formèrent sous l'empire une ligue secrète, et sous le gouvernement du 4 septembre un deuxième gouvernement contrôlant le premier, et vivant à côté de lui d'une vie occulte.

C'est grâce à cette ligue que la chute de Napoléon III et l'expulsion de la Régente s'opérèrent sans effusion de sang...

C'est sous la pression de cette ligue que les officiers de la garde nationale ont tenté, au 31 octobre, de renverser le gouvernement de la défense, et ne l'ont relâché qu'après lui avoir fait jurer de régulariser sa position par sa soumission au suffrage universel.

L'armée est remplie d'officiers et de soldats affiliés à ces sociétés et prenant d'elles leur mot d'ordre.

Les membres du gouvernement de la défense ont été pendant des années les protégés de ces corps politiques...

M. Ferry, avocat moins que remarqué au barreau de Paris, fut tiré de son obscurité par les rigueurs de 68 et 69 ; il en fut de même pour M. Emmanuel Arago.

Gambetta et Rochefort jurèrent fidélité à leur programme. Les deux précédents s'inclinèrent avec la passivité de deux eunuques politiques.

Glais-Bizoin ayant échoué dans le Nord, fut appelé par les sociétés parisiennes, et élu à côté de Crémieux et Raspail.

Sous l'empire, après quelques mois de législature, les parvenus devinrent parfois des dissidents : les ligueurs leur pardonnèrent au 4 septembre.

Pendant le siége, soit incapacité, soit duperie, ils trahirent non-seulement les sociétés qui les avaient élevés sur le bouclier, mais encore la cause nationale elle-même. Les comités bouillonnent aujourd'hui, pleins de colère et de soif de vengeance...

∴

Cette situation était bien connue de M. Thiers ; mais elle était tellement grosse d'orages qu'il évitait de l'affronter, et cherchait tous les moyens de la miner sourdement.

Tandis qu'*il endossait la vieille défroque de Mazarin, son entourage, par une maladresse des plus accentuées, lui forçait la main,* et le peuple se réveillait chaque matin en apprenant que de nouveaux préfets était envoyés dans toutes les directions, et que ces jurisconsultes n'étaient autres que des... généraux !... Le général Lapoterie, dans le Var, le général Valentin à Paris, etc., etc.

En même temps, comme pour surexciter les esprits, on condamnait à mort Flourens, Blanqui et deux membres de l'Internationale, accusés d'agression envers un gouvernement encore sans mandat, établi même par les agresseurs du 31 octobre...

Le moment parut bon au gouvernement Thiers pour demander le désarmement des parcs d'artillerie de la garde civique.

∴

Ce coup d'État était attendu... mais sa perspective n'effrayait aucun des comités ; on avait les affiliés de l'armée et, dès lors on le considérait comme une chose avortée.

En face des éventualités d'une lutte, voici quelles étaient les ressources assurées au comité central.

Les quatre grandes affiliations de l Internationale, de la Marseillaise, du Waux-Hall, de la Ligue anti-monarchique ont pour adhérents les deux tiers des bataillons de la garde nationale et un tiers de l'armé de Paris.

Leurs délégués avaient fraternisé avec les troupes venues de province, et embauché un grand nombre de francs-ti-

reurs ; les services militaires étaient assurés et prèts à fonctionner au premier coup de canon parti des sections principales ; les quartiers de la ville formaient les divisions ; les pi-
quets de sûreté gardaient seuls une ligne déterminée.

En même temps, le comité central fonctionnant de vieille
date recevait des pouvoirs dont il était responsable sur toute
injonction des ligues, et dont la durée devait expirer au
premier vote des arrondissements assemblés par comices révolutionnaires.

.·.

Ces hommes obscurs, pour la plupart premiers ouvriers,
contre-maîtres, chefs d'usine, sont sortis des rangs de la
garde nationale et des sections des comités, où leur conduite
leur a valu déjà des mandats inconnus de la foule, dont quel-
ques·uns ont porté leurs fruits depuis 1863.

Citons-en un seul : son nom excitera toujours la curiosité
de ceux qui ne lui accorderont pas l'intérêt qui accompagne
le soldat d'une cause quelconque...

Assy, le mécanicien du Creuzot, est le prototype des gue-
rillas politiques ; on l'appelle aujourd'hui « l'*Emeutier de
Montmartre*. »

Les ouvriers du Creuzot vivaient sous une tutelle dont
*l'honorable* M. Schneider, propriétaire, président du Corps
législatif, resserrait chaque jour les anneaux...

Le pain, les habits, le domicile, tout était délivré sur carte,
et dix mille ouvriers vivaient comme un troupeau sous la
houlette du propriétaire des mines.

Assy, ouvrier mécanicien, se réveilla au milieu de ses frères endormis et commença une croisade sourde, mais continue, qui rompit au bout de deux ans d'efforts tout le criterium
social des Schneider.

Assy avait affronté tous les dangers... même l'assassinat.

Tel est l'homme qui se trouve aujourd'hui à la tête des
ouvriers de Paris.

∴

L'émeute actuelle est une révolution : elle est l'œuvre de tous... elle est le cri de rage de la garde nationale trahie l'arme au bras.

Cette révolution est organisée comme ne le fut jamais aucune autre chez les divers peuples. Le bourgeois comme l'ouvrier ont édifié les barricades derrière lesquelles elle s'est retranchée.

Les soldats de la prétendue émeute sont au nombre de 400,000 !...

∴

*Et nunc erudimini qui judicatis Lutetiam.*

G. D'A. »

Grande et formidable association. Elle ne se circonscrit pas à la France, elle vise à l'empire universel, en attirant à elle les classes ouvrières. Si leur triomphe leur donne Paris et les autres grands centres qui suivent, c'est l'Europe, le monde, l'Angleterre et le nouvel empire d'Allemagne qui tour à tour seront soulevés jusque dans leurs fondements. Oracle du sens commun, plus sûr que celui de Calchas.

Le nouveau code du pillage, dont voici la formule en cours d'exécution, dispense de tout commentaire.

Le voici tel qu'on nous le transmet :

« LIBERTÉ , ÉGALITÉ,, FRATERNITÉ.

» Au nom de la République.

» Réquisitions.

» Argent. — Provisions.

» En cas de refus, le citoyen X., chargé de la commission, peut se faire assister par les gardes nationaux du quartier.

Signé : — *Membre de la Fédération*,

TIMBRE.                               TIMBRE.

République Française.        Fédération Républicaine. »

Une nation qui accepterait de pareils maîtres et une telle loi serait maudite.

FIN.

# TABLE DES MATIÈRES

www.ingramcontent.com/pod-product-compliance
Ingram Content Group UK Ltd.
Pitfield, Milton Keynes, MK11 3LW, UK
UKHW020003100726
13658UKWH00002B/781